情難捨

為誰而愛，為何相分？

霍玉蓮 著

情難捨——為誰而愛，為何相分？
作者／霍玉蓮
策劃編輯／伍詠慈
責任編輯／梁柏堅　史曉晴
美術設計／陳詩韻
出版發行／突破出版社
香港沙田亞公角山路33號突破青年村
電話：2632 0000　傳真：2632 0388
電郵：breakthrough@breakthrough.org.hk
網址：http://www.breakthrough.org.hk
http://www.btproduct.com
承印／海洋印務
2000年4月初版1刷
2012年4月初版9刷
2015年11月2版1刷

The Way of Attachment and The Pain of Separation
by Anita Fok Yuk Lin
First Printing, First Edition, April 2000
Ninth Printing, First Edition, April 2012
First Printing, Second Edition, November 2015

Printed in Hong Kong
ISBN 978-988-8246-87-8

本書經文取自《新標點和合本》，版權為香港聖經公會所有，承蒙允准採用，特此鳴謝。
誠邀閣下就突破出版社的書籍發表意見
歡迎加入突破書籍 Facebook page — http://www.facebook.com/btbooks.page
本書採用環保油墨印刷

生 活 與 輔 導

關懷、連繫、復和、

溝通、對話……

凝視心之脈動，

直到重新尋獲自己的心。

目 錄

第二章　誰可相依

第三章　個性之旅

第四章　婚姻、同居、擇偶：進出關係的分界線

第五章　相分之痛

初版序一

被邀寫序，是我的榮幸。能夠把此書先睹為快，是一件樂事。

讀玉蓮的書，如見其人 —— 一副觀察入微的眼光，一份心靈的敏銳，滿懷熱誠的筆觸，抒情的詩句，種種心理現象的分析，加上生活點滴和輔導體驗，對神學意義的初探等，如此多姿多采地、全面地處理這個關係上相依相分的重要課題，是我認識的玉蓮。

本書由現象觀察開始，探討人世間的相依相分 —— 個性異同如何影響戀愛擇偶？相依相分的心理解構到底是怎樣的？如何在相分之痛後再踏前路？有關這些問題，玉蓮都透過本書一步一步地、詳盡地、具體細緻地引領讀者明白、自省、理解、辨別不同的處理方法，並附有康復的錦囊。無論在擴闊讀者思考的角度上，加深情感的體會上，提供實際方法和步驟上，本書都是功不可沒的。

「情難捨，痛別離……」「仍能昂起頭，重新唱歌，渺小而頑強……」本書是一本不迴避傷痛的書 —— 既明白情感失落的痛苦，也提倡從抉擇角度處理分手，帶來希望。我欣賞玉蓮細膩的筆法，她以文字為大家寫出對相依相分的情懷，又像代表大家提出心裏想問卻未能整理得清楚的疑問，更重要的是，她不厭其煩地把處理的心態、方式、去向和出路，都一一展示出來。

本書談相依之道，不單描繪出現代人的心態——愛自由，不愛自由帶來的後果；怕寂寞，又怕結伴同行所要求的委身——而且提出值得我們深思省察的問題：究竟相依的愛是從自我需要出發，尋找愛的滿足（need-love），抑或是從內心溢流出的愛（gift-love）？單求被愛，抑或去愛與自己迥異的、有血有肉的、真實的人？書中提出生命抉擇背後的心靈情操，進入關係的接納相融，正好糾正了今日社會對相依相附的錯誤投射心態。

全書有很多對愛的詮釋，其中提到愛是由「心」字和「受」字組合而成，代表愛是用心去接受，就是把對方的優點和缺乏完全接納，與自己的生命相融。我認為這是很美的境界，更是相依的健康基礎。書中不乏對何謂上帝的旨意、何謂先求上帝的國和上帝的義的解釋，我相信以玉蓮深入淺出的手法，一定能幫助讀者澄清相關觀念。

另一方面，玉蓮嘗試從多向度談相依相分——潮流、現象、心理、文化、信仰、實踐……又談論東西文化的自我觀，也是同類書籍甚少談及的。細讀此書，是目不暇給的享受。

最後，我祝願本書成為多人的祝福，讓讀者更能體會相依與相分，即使變奏，仍能叫人漸趨成熟，更創新我。

陳幼莉

中國神學研究院講師

初版序二

讀霍玉蓮的《情難捨——為誰而愛，為何相分？》，不得不承認，現代人對感情的高渴求與低知識傾向。沒有人喜歡將相依變為相分，但分手、感情破裂、互相傷害、離婚，已是今日男女關係一種出走的捷徑；可是很多人仍在這捷徑上連連仆倒，傷痕累累，沒有記取教訓，在舊路上徘徊張皇。霍玉蓮這本書雖帶點哲學與學院味，但不失其可讀性和反省導引作用，我們若明白男女相依之道，對感情有較實際的訴求，在感情路上就不會犯下大錯。

相分之痛已成為現代男女身上常見的傷痕，但其中一些傷痛是不必要的。讀者若能明白本書，就可以在感情黑洞中看見曙光。

葉萬壽

資深心理輔導員

Innerspace 輔導服務創辦人

初版自序

感謝天，感謝地，
感謝命運，讓我們相遇，
自從有了你，生命裏都是奇蹟。
多少痛苦，多少歡笑，
交織成一片燦爛的記憶。
海可枯，石可爛，
天可崩，地可裂，
我倆肩並着肩，手牽着手。
踏遍天涯，訪遍夕陽，歌遍雲和月。

瓊瑤女士的《還珠格格》曾經風靡中、港、台，這套戲毫不後現代，更充滿傳統肯定的價值觀念。許多現代人都認為《還珠格格》滿是老套情節，但為何當年的收視率卻獨佔鰲頭？此無他，片中人物各具鮮明個性，人與人之間具有活潑真摯的感情，好一首意境優美、盪氣迴腸的情歌。

無論在哪一個時代，都有情和愛。也許，每一個時代對於情愛的演繹和表達有所不同，但我們仍然相信，自古至今有宇宙性的、恆真的、原始的人性渴望，把每一代青年男女連結在一起，例如每一個人都需要被重視，需要安全，需要溫暖。走過歷史的長河，我們看見浪漫主義喚起了個體對情感的需求，更喚醒男女自由戀愛、自由結合的夢想。從浪漫主義，到科學主義、實證主義、存在主義、虛無主義、共產主義、後現代主義，人類對情愛基本的渴求，有如一道小小的水泉，仍舊叮咚作響。

於是，我執筆寫出情感的變奏。

對於年輕人的人生，有兩個最大的考驗：尋找自我認識和建立親密的情愛關係。在這兩項人生的重要歷程中，若有任何一步失了腳，有時會影響往後的人生。

在我認識的人中，多少人為了情感受創，收藏自己，萎靡一生；多少人因為情感衝動，作了錯誤的抉擇，遺憾終生；多少人因為眼見上一代或朋友的傷痛示範，對情感畏懼，裹足不前；亦有多少人在感情的難題中，找不到成熟可靠的傾訴對象，也找不到可以依循的法則。

正因沒有簡單的、單一的方程式，更激勵我謙虛地、細心地探索從相依之道到相分之痛。我把西方心理學的 Attachment Theory，翻譯為中國文化中情意深濃的「相依之道」、「相依理論」，來説明人間相依相扶、離離合合之情。相依理論闡釋了人情遠近間許多深刻精緻的道理，尚有不少可以開拓和發展的餘地，我借用了這個理論的一些內涵，説明人間情愛關係的奧秘。

此外，自中東古代智慧流傳的九柱圖性格形態(Enneagram)，亦給予男女相愛許多啟示——到底人有沒有天生而來的性格核心？什麼是我們必須謙恭自省接納的性格特質？什麼是我們可以自己挑戰改造的性格軟弱？二人相處會擦出怎樣的火花？這方面的探討，另著專書詳述（編按：參《愛在點滴親和間——九型人格親密關係新啟示》，2011，突破出版社）。在本書，我只是濃縮地點出我所發現和開拓的見解，期待有心人士更多研究討論。

我曾處理過不少離婚輔導的個案。人生經歷經常是重重疊疊的，能妥善處理戀愛中的挫折、失望和分手，便毋須將許多關係的陰影帶入新的關係、帶進婚姻中。書的末了會談及分手的藝術，較為實用，可以作為戀愛關係中有關分手的實用指南。

很早以前已經有一個心願，就是透過寫作來嚴肅探索和處理戀愛的特質，以及處理分手，只是生活勞累得很，很感謝天父支持我完成這書的心志，又感激好友夢鳴給予我許多溫暖的關懷及支持，我才能在匆忙的城市生活中完成這本書。

生命需要培植，情感需要灌溉，無論你的生活怎樣忙碌，工作如何勞累，我邀請你稍稍停下來，藉這本書回憶一下，重整一下你的感情生活。倘若你尚年輕，又或者有年輕的弟妹或子女，及早讓他們了解情感的變奏，將成為他們創建感情生活的最好的儲備。

霍玉蓮

第一章

動感的愛

愛不是靜止的，

不是理想的、天賜良緣的回應，

而是二人自願手牽着手，

共創一段曲折、冒險、刻骨銘心的生命。

1.1 現代人的愛與怕

1998 年城中最熱門的幾個話題，是寶詠琴和洪朝豐戀得火熱。據説這次戀情是寶詠琴生平最投入、最激情的熱戀。又聞説樣子甜美、歌聲動人的日本女歌星酒井法子經已有了身孕，登台演唱的時候，小胚胎兒經已在她的腹內，與她一同演出，而演唱完畢後，她便準備結婚。素來有演技、有個性的女星張曼玉，拍完電影之後，與法國導演結婚，組織家庭，而男朋友送給她的家傳戒指，比她任何一隻手指頭都要粗，只可戴在姆指上。

甜美的愛情總是令人神往，但五年後、十年後，不知這些愛情故事又會傳來怎樣的續集 —— 是拖兒帶女，幸福快樂？抑或情變婚變，悲劇收場？多年以後回望，結果早就塵埃落定。事實上，這些離合，我們不陌生。許多年前，周潤發與余安安在電視鏡頭前，拍攝甜蜜親吻的一幕，幾許幸福纏綿；哥嫂曾經看來如斯恩愛，未幾又感情變異！王菲與竇唯的婚姻變色，更加是八卦節目的熱門「猛料」。看見王菲推着嬰兒手推車，自大陸返港，在機場獨步，嘴角鎖着了多少沉默？小孩又感應着多少離異的緊張？陳寶珠、薛家燕、鄭少秋、森森、馮寶寶……在六十年代伴着我輩成長的青春演員，今已不再年輕，幾乎統統都經歷離婚與再婚，在感情的路上滿途波折；而只有當事人才明白當中的辛酸、苦惱、遺憾。

正在捧讀這本書的你，是十來歲、二十來歲，還是三十來歲的青年人？無論你目前在感情的道路上是怎樣的狀態，請你暫時閉上眼睛，試想一想，五年後的你、十年後的你，將會是何模樣？

少年聽雨歌樓上，
紅燭昏羅帳。
壯年聽雨客舟中，
江闊雲低，斷雁叫西風。
而今聽雨僧廬下，鬢已星星也。
悲歡離合總無情，一任階前點滴到天明。

——蔣捷《虞美人聽雨》

每個人都天賦青春生命熱情，我們是否願意將珍貴的感情，奉獻給一堆盲目衝動及煙花閃動的激情，贏取一生許多離離棄棄、悔疚與遺憾？

沒有人會這樣願意，但誰都沒法向自己作出任何保證。誰都怕。

人稍為願意自我省察，就會怕——怕對方不忠，怕自己不忠，怕人善變，怕「立志為善由得我，只是行出來由不得我」，怕自己的盲點、軟弱、自私，怕自己貪心、縱慾，怕自己不成熟、幼稚，怕社會壓力、大時代的轉變，怕身不由己，怕生命的嘲弄，怕生命的沉疴……

原來敢於誠懇地愛，就會怕。

「天不怕，地不怕」，是感覺神經衝動，不是豪情壯志，純粹是未有意識的動物性本能。

敢於愛，就會賠上懼怕。

唯有完全的愛才可以征服、消溶懼怕，正如《聖經》上說：「愛裏沒有懼怕；愛既完全，就把懼怕除去。」（約壹四 18 上）只要深入細想，便會發現這是一句十分深奧的話；但願我們能在踏進墳墓之前，能夠擁有這句話的真理。

在愛情的領域上，現代人好像飢餓了千萬年的恐龍，忽然在地底暴動、躁動、蠕動，愛得天不怕，地不怕，四出尋找性飢餓的獵物。愈多這種飢餓恐龍，這個社會就愈令人顫兢、懼怕。

怪不得親密關係本身是一場奧秘。

親密關係是二人生命的演繹，而關係又與人性掛了鈎。人性的美醜癡愚、忠貞詭詐，在二人關係的較量中展開一場鬥爭：美善的一面流露着上帝的指紋；醜惡的一面遺留着魔鬼的血印。

人類的靈魂在人與人的關係中搜索、迴盪，修築人生終極的命運。

在尋愛的歷程中，有些人撤退了，稱之為看破紅塵。

有些人沉溺了，稱之為執迷不悔。

有些人冷漠了，有如一具只懂得活動的機器。

有些人頹喪了，患上嚴重的抑鬱。

進與退，離與合，付出與捨棄，每一分每一秒都在測驗我們有沒有一顆天真、自在、高貴的靈魂。

1.2　自由戀愛與自由亂愛

古代封建社會沒有談戀愛的自由，由媒人介紹相親，符合條件的就可以結婚；兩個人是在結婚洞房後才開始相識，建立感情。有時我們不明白，為何從前的離婚數字反而沒有今天自由社會那麼高？為什麼關係反而沒有那麼容易破裂？有些人甚至想回歸盲婚啞嫁的年代，毋須左選右擇，然後你丟棄我、我丟棄你，弄得一團糟。

是什麼出了亂子呢？為何自由社會的婚姻關係，不見得比封建社會的婚姻關係更加幸福快樂？

問題也許沒有簡單的答案。然而，從人倫親密關係演變的歷史，也許可以找到一點啟示。親密關係的歷史，大體上可作這樣的劃分：（1）藉媒人介紹相親而結合（其實也類似現代社會由電腦撮合的婚姻介紹所）；（2）父母安排；（3）自由擇偶。

過去的時代，並不是並排鋪陳在我們面前，給我們選擇活在哪一個時代。是歷史的軌迹試驗了封建的婚姻制度而作出揚棄，經典著作如《紅樓夢》、《家》、《春》、《秋》、《雷雨》，早已刻劃了封建社會的悲劇。知識分子、愛情鬥士不斷起來反抗，才奠下了自由戀愛的模式；但誰也沒有預知歷史的諷刺，誰也猜想不到愛情會變得如斯輕飄飄的。

在古代社會，我們誤以為人類關係的不幸，來自外來制度的迫害和外在的無理壓抑，於是相戀的人——即如羅密歐與茱麗葉，梁山伯與祝英台——可以找着一個共同的外敵，一起聯手對抗，激發出一段段可歌可泣的愛情故事。可是，當外敵一旦被消除了，沒有誰可以攔阻誰自由地相戀和結合，相戀的二人一時間失去了外在的公敵，反而變得手足無措。相戀成功後，對方頓成了敵人，於是戰鬥一生。

自由戀愛本身是一樁很高遠的理想。人要充分體現自己的自由，尊重自己和對方的自由，才可以實現雙方的自由，這委實是一件太艱難的事了。自由戀愛演變成自由亂愛，於是枉此一生。

現代社會把人的自我抬到至高的神枱上，所以，人有無窮的需要，尋尋覓覓，兜兜轉轉，不斷轉換身邊情人，心境蒼老，幻夢一場。現代社會並非教我們去愛「人」，而是去愛那虛無飄渺、意亂情迷的「感覺」。古代社會強調責任和道德，全套愛的哲學是看透了人軟弱自我的困境，以強硬封鎖、節制、約束的手法去處理人類的感情世界。然而人是靈性的動物，自然會瘋狂地掙脱束縛。

古代社會看重智慧，壓抑靈性；現代社會則看重自由，卻在自我中心的哲學中，讓自我沉溺，那又如何能重拾愛的基礎？未來學學者托佛勒（Alvin Toffler）説得好：「現代社會的特徵是新鮮的、多元化的、轉瞬即逝的，每一個分裂的個體成為了軟弱的浮萍。」

1.3 愛是這樣難

啟光第一次碰見靜兒是在小巴上。他們同樣要到醫院探病，那次卻不巧遇上交通擠塞。啟光的母親只是患了一些小毛病，快要治癒出院；而靜兒的爸爸卻是腎病復發，病情危殆。兩人一個眼神接觸，幾次痛哭的眼淚，加上許多匆忙和疲憊的倦容，教啟光和靜兒兩顆心緊緊相連。戀愛的火花一觸即發，相戀開首的半年，雙方第一次感到接納和溫暖，彼此經歷了許多愛顧保護，許多同甘共苦。可是，戀愛的路踏入第三年，啟光開始進修碩士課程，靜兒也升了職，工作壓力倍增。靜兒常常埋怨啟光失掉了體貼溫柔，又覺得啟光不明白自己；啟光起初還有些兒自責，後來漸漸覺得靜兒無理取鬧，簡直如刁蠻公主。

有一次，啟光向靜兒衝口而出地說：「你簡直任性刁蠻，不知滿足，怪不得你氣死了你的『老竇』。你要怎樣便怎樣，我不會再理你。我也不知道我懂不懂愛你、會不會愛你，甚至愛不愛你！」這幾句說話，一直成為靜兒心裏的一根刺。

自此以後，他們常常吵架。靜兒對啟光諸多批評，有時又沉默氣餒，偷偷落淚，弄得啟光十分內疚，兩、三次宣佈分手，又兩、三次舊情復熾。有一次靜兒哭着眼來找啟光，說自己好像愛上了一位年紀很大的男同事，求啟光挽救她。啟光又氣又惱，目瞪口呆，呵呵囈囈的，不知怎樣回應。就這樣，關係無聲無息地結束了。

往後的半年，啟光每晚都想起靜兒動人的眼睫、鈴樣的笑聲，弄得長期失眠，不斷做噩夢，於是禁不住撥電話找靜兒；但每次對方一接上，他便急忙掛上電話，徒然自怨自責自傷。

靜兒跟男同事相戀，得到保護，感到十分安全，可是卻終日神不守舍，於是狠狠地寫了封信給啟光，訴說自己被拋棄的難受。他們彼此有理說不清，更分不清楚：到底是誰拋棄了誰？啟光對靜兒仍有許多掛念，又有許多忿恨，可更多的是自責。對感情一事，他失去了信心。

後來斷斷續續地，啟光發展了一、兩段所謂戀愛，都是沒精打彩的，人在心不在，對這兩個無辜的女生，啟光尤感歉疚。事情拖拖拉拉的經過了六、七年了，啟光也結交了一位穩定成熟的女朋友。一次，他在地鐵遠遠的看見靜兒，推着嬰兒手推車，而身旁高大的男士卻一臉愛理不理的樣子，霎時間，啟光多年來沒敢一碰的淚水、悲憤、沉哀，翻箱倒篋地湧了出來。接受了半年輔導後，啟光的情緒才慢慢地得以平復過來，獲得一些洞見，重建人生歷史。

任何人初次踏上愛情路，第一次示愛，第一次拖手，第一次接吻，總是那麼動人而甜蜜。初相識的神秘和驚喜過後，要真正的認識、了解、愛護、接觸、維護、接納另一個與自己完全不同的人，卻是一件極難的事。

從古到今的愛

把不同時代所演化、孕育，有關愛情婚姻的哲學思潮勉強系統化，擠進表格內，一定會犯上以偏概全、掛一漏萬、概念模糊的毛病；然而，簡易的系統表列卻可以幫助我們快速地瀏覽不同時代的重點、信念和時代精神，協助我們檢視自己所站立的位置，以及檢視自己如何有意或無意地，受複雜多元的文化思潮影響。

其實由古代到現代，以至後現代社會思潮，當中對婚姻關係、親密關係，各有不同的哲學、理解和重點。我們活在其中，每每受大社會的感染而不自知。二人的親密關係，在不同時代的演繹也各有不同，如右圖：

不同時代的親密關係

	古代	現代	後現代
重點	負上角色責任；男主外，女主內，各人做妥自己的分內事	尋找自我；尊重個別性情，同時向羣體負責	尋求自我滿足；率性而為，推翻道德束縛和必然責任
目標	建立和諧家庭	建立美滿家庭	突破界限，忠於自己的想法和喜好
性質	傳宗接代，繼承傳統	體現浪漫的愛，以人力在地上建立天國	生命、戀愛是一場實驗，在嘗試與錯誤之間前行（trial and error）
價值觀	羣體先於自我，有絕對權威	自我與羣體角力，在樂觀的理性主義下確認絕對標準	自我先於羣體，無絕對標準，全是社會勢力的建構和個人演繹

而以下的一段話，正好讓我們從另一個側面，感受現代愛情的味道。

「城市人對愛情的態度，一就是把它當作是本小利大的投機活動——情場上的冒險家和機會主義者南征北戰，追求的不過是短暫的快樂和性慾的滿足，從來不涉感情的掛慮和責任的承擔。一就是把它當作是穩陣的投資，將稀釋了的感情分散在多個投資對象上，避免因一次估計錯誤而招致重大的損失。一段關係得以維持，是因為雙方都明白並且嚴格遵守着遊戲的規則。愛是失傳的語言，沒有人願意說『我愛你』，因為明知那是違心的謊話，履行不來的承諾。沒有人願意聽『我愛你』，因為那是太隆重的讚美，太沉重的負荷。於是，城市人慢慢學會了用喜歡來代替愛，用心癢癢來代替刻骨銘心。香港，這個夏天炎熱得要熔化的城市，感情溫度卻是可怕的低，每一個人的內心都下着雪、結着冰。噢，酷熱的城市，冰冷的心。」[註1]

1.4 四種愛情觀

我在另一本著作《怎可以一生一世》中，曾經詳細討論四種社會流行的愛情態度：[註2]

(1) 愛情者，合則來，不合則去。這種態度來自交易倫理。

(2) 愛是一場轟轟烈烈的燃燒。這種態度來自西方啟蒙以後的浪漫主義。

(3) 愛是緣，緣來緣去，緣盡緣滅。這種態度來自佛教的宿命主義。

(4) 愛是生生世世的道德責任，真正的愛必然是負責任的愛。然而有時一不小心，把愛情等同於道德責任，或者把愛的各種素質隸屬於道德責任的大框，很容易跌入教條主義的桎梏。

當我進一步思考的時候，發現各種不同的愛情觀，其實正反映着不同的人性觀和人生觀。不同的愛情觀，宣示着對人性樂觀或悲觀的精神，同時表達了對人性自主或不自主的觀察、感應和追求。

愛情觀背後的人觀

以下我嘗試將我對愛情觀背後的人觀的領悟，表列下來：(註 3)

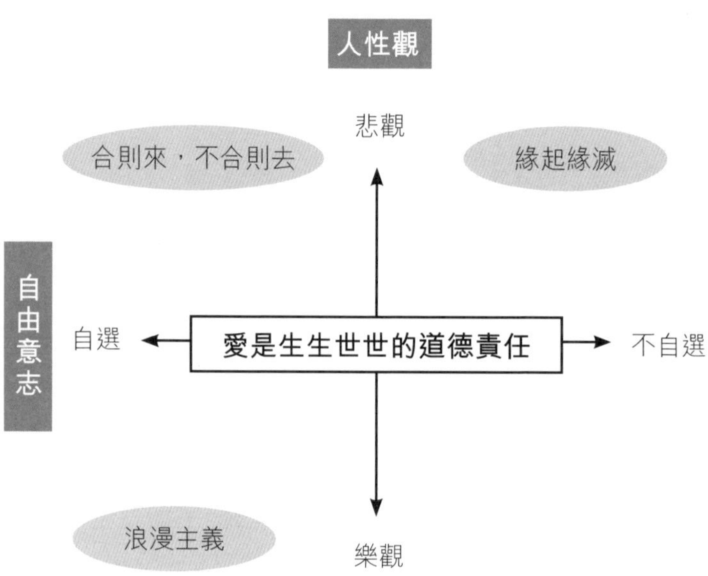

每個人必須誠實地省察自己相信的人性觀和人生觀，尋找出自己的定位，繼而不斷的定位、修正、再定位。我個人常竭誠地追問生命的信念是什麼。我常常感到生命的信念是人存活立足的根基，倘若我們不斷自欺自瞞，則愧而為人！從我目前對基督教信仰的那一點點了解，以及從這信仰而來的啟示，我相信人既善且惡。

人擁有自由意志，可以完全自主；又礙於自我限制的矛盾張力和生命局限，往往又毫不自主。基於對人性又樂觀又悲觀，同時自主而又不自主的信念下，二人關係是一場相知相遇的斡旋碰撞的旅程（human encounter），人在存活的歷史中把自我獸性淨煉成基督的「仁性」；美好的愛情，就是在動態中，仁者的相知相遇（encounter of two persons）。「不是我比你強，還是你比我強，而是人跨越自己，互相尋覓，彼此豐富對方。基於這份理解，愛不是一種固態的觀念，也不是既定的理想狀態，而是多變的動態歷程。」於是，「愛是兩個多變的主體一場冒險的相遇，愛是一場摔跤，愛是一次又一次渾然忘我的擁抱，是兩手相牽共創的人生歷程。」（註4）

1.5 誰曾教我們何謂相愛？

年輕人開始擇偶的時候，真是緊張刺激又甚艱難，所以善感害羞、重視責任的人，遲遲也不敢亂闖情關。事實上，誰曾教我們何謂相愛？金庸、亦舒、張小嫻？抑或《戰爭與和平》、《布拉格之戀》、《齊瓦哥醫生》？市面上的愛情小說、傳媒、電影，充滿着對愛情的論述：「要愛就要不顧一切」、「愛情是神秘的，不能傳達的」、「愛情是非理性的」、「愛情是自私的」、「沒有愛情的人，是一個有缺陷的人」、「為那天荒地老的愛，全情投入」、「愛是恆久忍耐，細水流長」……passion, feel, sexual instinct, indecent exchange……

同一時間，書本上教導我們的，是一些抽象的形容詞：愛是付出、忍耐、體諒、犧牲。由零歲開始，我們每一天就接觸到有血有肉的愛情故事，而第一章就關於我們的父母。他們或許會是終日勞碌、貌合神離、指桑罵槐；他們有許多委屈、遷就、怨恨、舊帳；他們從不接吻。

傳媒美化的激情、書本抽象的教訓、社會對愛情多元化的論述、父母相處的現實，平凡得使人消沉的人生示範，使我們在各種意識和潛意識的拉力中，幾乎精神分裂，找不到可依循的蹊徑。

1.6 最愛是誰？

多年前，潘源良填寫了一首膾炙人口的情歌，由林子祥演繹，歌名是《最愛是誰》：

在世間尋覓愛侶，尋獲了但求共聚。

……

為何離別了，卻願再相隨？

為何能共對，又平淡似水？

問如何下去，為何猜不對？

何謂愛？其實最愛只有誰？

最愛是誰，實在是現代人一個煎心熬骨的課題。尋尋覓覓，半生碰壁，仍舊迷迷惘惘。古代社會，父母之命，盲婚啞嫁，兩個年輕人成婚後才開始相識和培育感情，違反了人自主的渴求，我們極力去抵抗這封建的枷鎖。

可是，在現代社會，我們擁有了自由戀愛的機會，卻又顫抖驚惶，害怕周圍的人「自由亂愛」。相戀的時候，情投意合；但一下子不滿足的時候，隨時由「正選」貶為「後備」，甚至遭人絕情地遺棄。自由是昂貴的，我們不曉得自由的代價，有時更是付不起。

誰來教導我們怎樣相愛？

1.7 愛的循環

我們每個人都想做天使，做王妃戴安娜，做德蘭修女，做一個使自己佩服和滿意的人；但結果卻常常使自己失望，因為我們不是天使，也不是魔鬼，只是一個平凡的人。平凡的人有着平凡的生命；生命中有光明、有黑暗，有正面、有負面，在兩者間不安地搖晃，好像一個人執着自己的頭髮，想提拔自己飛上晴空一樣。

這當然是一個無法完成的故事，於是，我們下意識去尋找一個人來拯救自己。結果，兩個充滿缺陷的人開始共舞，你一步我一步，跳出親密關係的三步舞：

(1) 浪漫激情的憧憬階段

(2) 伸張自我的衝突階段

(3) 適應調節復和的平實階段

這三個階段，不斷循環又循環。

愛的循環

憧憬階段
（甜蜜、浪漫、美化傾向）
衝突階段
（伸張自我、失望、
爭持、醜化傾向）
和解階段
（協調、適應
平實傾向）
誤解，愛情消失，
未能嘗試協調
分手

愛的生命歷程

正面
人生人性
負面
愛情生命
相戀時期太短，未能在人生
考驗中一次又一次自願委
身，很容易在婚後經歷人生
的考驗，失望挫敗地分離。
註：●知、情、意上的委身

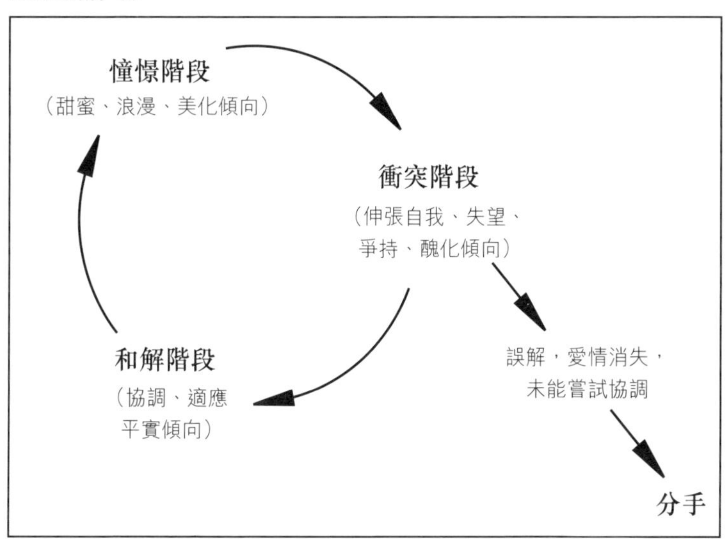

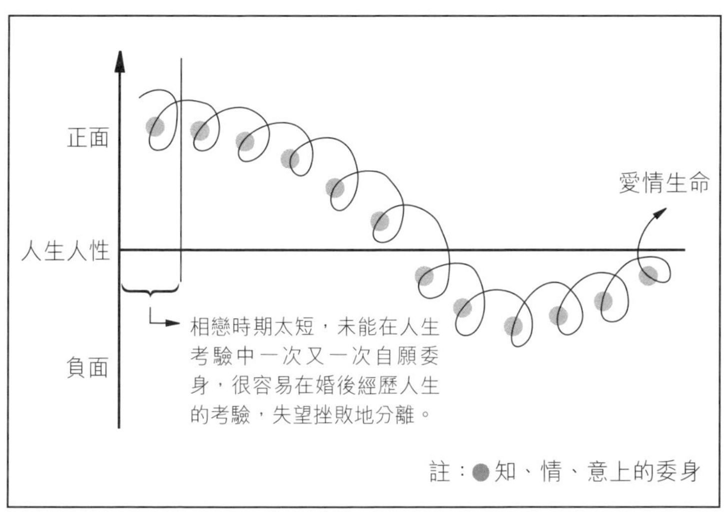

在浪漫激情的憧憬階段，雙方充滿動力和信心，一心牽掛着對方，把對方美化成為自己生命的彩虹仙子，心馳神往，為對方做牛做馬，無怨無悔，精神暢旺。

然後，進入伸張自我的衝突階段。可惜，好景不常，當第一個階段的神秘面紗揭開後，自我的需要探出頭來：「我想你採取主動」、「我想你多一點堅強」、「我想你少一點意見」、「我想你多一點體諒」……

當二人產生分歧，自然開始頹喪、失望，覺得對方實在不符合自己夢中的理想，同時反問自己是否真心愛對方？拿出放大鏡來觀察愛情，就如潘源良所寫「找到愛的證據」。感性的人以為感覺失掉了，愛情就消失了，豈料，這才是兩個真人玉帛相見，真正學習愛的開始。

最後是適應調和的平實階段。情侶幾經碰釘、揣摩才產生了解，人才開始作出調節：原來你默不作聲，並非拒絕我，只是你內心太混亂，需要空間；原來你問長問短，要我報告行蹤，並非想約束我，只是你喜歡與我形影不離；原來你大哭大罵時，需要聆聽，需要安慰；原來你渴望無論你是好是壞、是對是錯，都獲得我無條件的接納和支持。而我，又何嘗不是呢？

有一位哲學家說過，親密關係的精髓不是完美的愛，而是不斷的悔改和饒恕。在愛與恕的淚光中，培育自己成為一個可愛的人。

1.8 接駁愛的能源

俗語説：「因誤解而結合，因了解而分開」，因為我們不懂得愛，沒有勇氣去愛，還沒有領略真正愛情，稍遇困難挫折，就分手收場。愛不是靜止的，不是理想的天賜良緣的回應，而是二人自願手牽着手，共創一段曲折、冒險、刻骨銘心的生命。

世上沒有理想的情人，我們只能謙恭的低頭合什，瞻仰主耶穌寬容溫暖的慈顏，求祂塑造我們成為第一個。

註：

1 林達達，〈愛是難〉。

2 霍玉蓮，《怎可以一生一世》（香港：突破出版社，1996），頁 134-138。

3 擇自「粵港兩地跨向廿一世紀社團工作研討會」上發表的論文〈廿一世紀婚姻觀 —— 婚姻內涵的再思〉（霍玉蓮，1998 年 11 月 9 至 11 日）。

4 霍玉蓮，《怎可以一生一世》（香港：突破出版社，1996），頁 138。

第二章

誰可相依

那尋找生命愛侶的，渴求相愛永久；

然而，尋覓自歸尋覓，

那能亙古相愛、互相依傍的人，

卻是可遇而不可求。

2.1 誰可相依

昨夜星辰昨夜風，畫樓西畔桂堂東，
身無彩鳳雙飛翼，心有靈犀一點通。

——《無題》之三

唐朝詩人李商隱婉若柔情的詩句，情深一往，寫盡了幾許青年男女尋覓心靈愛侶的渴求，令人嚮往。另一位無名詩人的詞句，直接、簡潔、清朗，描寫的是同樣的追尋：

知音就是知心，何拘朝市山林，
去任一身誰禁，仗藜一任，
相思便去相尋。

——《天淨沙》

好一句「相思便去相尋」，聽來多麼跳脱，活潑而瀟灑。科學家牛頓發現物理學上一條萬有引力定律，把地球上的萬事萬物牽連起來；似乎人間也有另一條萬有引力定律，把男男女女互相吸引，連繫起來。

那尋找生命愛侶的，渴求相愛永久；然而，尋覓自歸尋覓，那能亙古相愛、互相依傍的人，卻是可遇而不可求。

2.2 愛戀的奧秘

愛戀是一場奧秘。任二十一世紀的現代人如何自負，如何設計性格測驗、電腦分析，總不能確保誰人可以與誰人情投意合，白頭偕老。縱有許多癡情兒女，多番尋覓，撲朔迷離，費盡幾多心神和眼淚，那可愛可親的人仍然未能尋覓得到；有時又在人海中意想不到地出現，然後卻擦身而過。

許多的意想不到，許多次美麗的錯誤，交織成我們跌跌撞撞的戀愛路途。

正如沉鬱的詩人鄭愁予一首常常銘刻在我心裏的詩句：

我打江南走過
那等在季節裏的容顏如蓮花的開落
東風不來，三月的柳絮不飛
你底心如小小的寂寞的城
恰若青石的街道向晚
跫音不響，三月的春帷不揭
你底心是小小的窗扉緊掩
我達達的馬蹄是美麗的錯誤
我不是歸人，是個過客……

——《錯誤》

第一次拍拖談戀愛便成功的例子，畢竟是少數；大部分人在戀愛旅途上，都是離離合合，分手收場。

就我的觀察，初次戀愛便成功而決定結婚的人有三類：第一類是非常單純的人，沒有太多考慮，沒有太多條件和想法，容易付出，容易信賴，容易滿足；第二類是知足的人，可能由於生活的逆境太多，對生命不敢有太大的奢求和渴望，視一切生命際遇為一場額外的恩典，既愛上了一個人就萬分珍惜，不作他想；第三類人是着重實際的人，他們視戀愛為人生必經的階段，努力做好一般人認為戀愛所追求需要完成的事項，找一位合乎自己基本要求的人，拍完拖，結了婚，就專心發展自己人生其他目標。

當然，還有一些人，是因為乾柴烈火、奉子成婚，或者自少年時代開始相識，也説不上是愛或不愛，只怕傷害了對方、辜負了對方，就順理成章的結了婚。

至於其他人，可能是對愛情有過高的憧憬和期待，或者過分的懷疑、不信任，或者不知自己到底想追求什麼，都會在關係中穿插來回，離離合合，不知所措。

一個人忽然在感性上確認另一位異性，產生好感，並非一件難事。但要在好感和吸引的基礎上，付上精神、心力、時間，無條件地去認識、接納、愛護、支持另一個人，卻是一件千難萬難的事。相思是如何產生的呢？對感情專一是否一件自然發生的事？一個人又是否懂得全情投入去愛另一個人？

2.3 從相依理論說起

近年，西方心理學家熱衷研究相依理論（Attachment Theory）。追本溯源，開拓相依理論的鼻祖是約翰波比（John Bowlby）。從他對嬰孩與撫育者的關係研究中，發現人自幼與撫育者產生血肉相連的關係模式，對小孩子日後成長和探索人生，有重大的影響。母子之情和母子相處模式，很大程度塑造了一個人愛與被愛的基礎經驗，從而進一步塑造了孩童對世界的安全感，以及日後的人際關係。怪不得古語有云：三歲定八十。而西方的心理成長理論，則定出嬰兒是由零歲至三歲為人生的基礎年期（foundation years）。

初生嬰兒，未能掌握語言，未有活動能力，整個人的飲食起居、生存狀態，完全依賴母親或保姆的照顧。襁褓中的娃娃，除了可以發出幾聲嚎哭之外，再無法為自己表達什麼，爭取什麼。

倘若嬰孩肚餓嚎哭時，有一隻溫暖的手及時給予慰藉，有一把溫柔的聲音加以安慰，送上一瓶美味的熱奶，嬰孩便開始從這些敏感、體貼、迅速的回應中，體會到有人重視自己的需要，這個世界有安全、有溫暖、有指望、有愛。

反之，當嬰孩肚餓、尿濕了褲子、委屈困難的時候，不但得不到適當的照顧，反而聽見粗暴而大聲的埋怨、喝罵、責打，甚至被捉弄，或者根本沒有人在身旁回應，即使聲嘶力竭，仍叫天不應，叫地不聞，這個世界像只剩下一片沉寂的冷清，嬰孩會感受到這個世界的冷酷無常，形成惶恐、憤怒或退縮。有一些心理學研究觀察到，若嬰兒純粹獲得食物和水，卻從來得不到親人的接近和愛撫，他會沮喪得難以生存。(註 1)

原來，幼兒在人世間與第一個親人的交往經驗，奠定了他日後對人與人交往的經驗和理解。一個被愛、被體貼關懷、被溫柔愛撫的嬰兒，長大後能對親密關係建立出信任和安全感；一個備受責罰、忽略、疏於照顧的小孩，成長後會對人間親密關係產生許多猜疑、矛盾和恐懼。

可見，愛並非一種虛幻的感覺，或一個抽象的名詞；它植根於人生歷史，植根於人誕生下來第一次親密關係的直接經驗。

2.4 相依理論與親密關係

自從約翰波比着力研究嬰兒與母親接觸的各種模式，以及嬰兒缺乏良好照顧的種種經驗（John Bowlby, 1969, 1973, 1980, 1988），後人繼續不斷發展他的理論，發現成年人愛戀之道，與母親和嬰孩的相依模式十分相似。

羅拔衛斯（Robert Weiss, 1991: 66）很精要地指出，成年人與嬰孩的相依模式幾個類同的特徵：

尋覓接觸（Proximity Seeking）

相依相戀的人常常尋覓一種心靈、肉體或地域上的接近，例如，我們自然與相依的人產生相見的渴望和思念的情意，喜歡傳短訊相片、通電話、約會見面。「一日不見，如隔三秋」這句古語，恰當地描寫了親密戀人的相依之情。

羈緒鰥鰥夜景侵，高窗不掩見驚禽，
飛來曲渚煙方合，過盡南塘樹更深，
胡馬嘶和榆塞笛，楚猿吟雜橘村砧，
失羣掛木知何限，遠隔天涯共此心。

—— 李商隱《宿晉昌亭聞驚禽》

古代交通困難，人與人想接觸，有萬重阻隔，煎心的渴念追求，升騰成為婉約淒迷的牽掛，在欲求不得之中挫損了情感，卻又淨化提升為悠久的思念。

碧雲天，黃葉地，
秋色連波，波上寒煙翠。
山映斜陽天接水，
芳草無情，更在斜陽外。
黯鄉魂，追旅思，夜夜除非，好夢留人睡。
明月樓高休獨倚，
酒入愁腸，化作相思淚。

——范仲淹《芳草無情》

古代人要相見和接觸，實在太艱巨。現代資訊發達，尤其在香港，人手一部手提電話，電子郵件、即時通訊，頃刻間便可以跨越種種距離，省卻了思念之苦；但現代人長時間大量接觸，量變帶動了質變，相愛相接觸的感情素質變得急、猛、躁、烈、浮、淺，真不知人類資訊科技萬能，所帶來的是祝福還是咒詛？

親密關係形成安全基地（Secure Base Effect）

一個人感到被愛、被照顧、被重視，自會神清氣爽，發展他的所長，探索世界和人生理想。親密關係成為了一個安全基地，有如一個極具安全感的幼兒，能夠在母親附近自由自在地玩指頭，玩積木，探索這個新鮮而陌生的世界，絲毫沒有惶恐和焦慮。所以，穩固愛護的關係成為一個人超越自我需要，向外伸展的安全基礎，他可以敢於開展和探索，是因為他知道一旦遇到危機、風險，他可以駛回安全港。

原來親密愛侶來到教堂紅地毯前，說出一句「我願意」的時候，就是向對方承諾，無論順逆病苦，都願意成為對方的安全後防，成為對方迎戰人生、遮風避雨的安全港。

抗議分離（Separation Protest）

人接受不了與相親的人互相分離。幼稚園第一天開課，正正揭示了相親的人不肯分離的心理現象。所有父母親對兒女的第一天開課，印象特別深刻。課室內哀哭聲此起彼落，小孩子捉着親人的衣裳不放，情景令人心酸又淒涼。嬰孩在六個月大、稍稍懂事以後，一旦遠離撫育他的親人，他的自然反應是嚎哭、傷心，使性子抵抗，繼而憤懣、哀求、絕望。現代父母許多都是雙職父母，二人都需要上班，把年幼子女交給傭人照顧的時候，往往難捨難離；那分離的一刻，最難處理，很需要細心、忍耐，百般安慰並重複保證（reassurance），才能建立幼兒的安全感。

我是上班一族，我的兩名女兒在一歲多時，早上與我分別的時間大大考驗我處理分手的藝術。幼兒的情緒，不是一、兩句安慰說話就可以安撫得來，那是一段逐漸分離，來回接觸、擁抱，從電梯到街口揮手、飛吻的儀式，還要一再解釋，確保媽媽下班後回家就會相見。我為人心軟，看見女兒的悲傷，真是千萬不忍。不過，當明白了離別焦慮的心理狀況，我才稍減自己的內疚。

對於分離，我們必須正面處理，不能逃避；悲傷的情緒必須流露接納，不好壓制。持之以恆，大女兒不久就習慣了；但小女兒一歲多的時候，這淒厲的場面又再出現，我因為不忍她傷心，錯用了方法，請菲傭跟我一起帶女兒到樓下商場，讓五光十色的店鋪吸引她的注意力，然後自己悄悄消失，以為這樣做，女兒會比較容易適應。其實，這做法至終削弱了女兒的安全感，因為她心中不理解，以後每逢到街上，或五光十色的地方，她就會提高警覺，害怕母親會忽然消失。幸而我及早察覺，矯正分離的方法，重建她的安全感。由此可見，分離和分離的悲傷，必須正面處理，不能逃避。

成年愛侶相戀而分離，愁腸寸斷，也是同一模樣。

無言獨上西樓，月如鉤。
寂寞梧桐深院鎖清秋。
剪不斷，理還亂，是離愁。
別是一般滋味在心頭。

—— 李煜《相見歡》

是詞人李煜低徊的抵抗。

寒蟬淒切，對長亭晚，驟雨初歇。
都門帳飲無緒，留戀處，蘭舟催發。
執手相看淚眼，竟無語凝噎。
念去去，千里煙波，暮靄沉沉楚天闊。
多情自古傷別離，更那堪，冷落清秋節！
今宵酒醒何處？
楊柳岸，曉風殘月！……

——柳永《雨霖鈴》

是詞人柳永沉鬱的抵抗。

相見時難別亦難，東風無力百花殘。
春蠶到死絲方盡，蠟炬成灰淚始乾。

——李商隱《無題》

詩人李商隱化悲憤為癡情力量的抵抗，成為千古絕唱。

特定的人物（Specific Figure）

嬰兒若經常轉換保姆，無論每個保姆多麼細心體貼，嬰兒都會產生焦慮不安，因為他無法依戀一位特定的人物。故此，有些不安的嬰兒死執着一條特定的毛巾、一個特定的枕頭或毛公仔，有如護身符一樣，因為他的感情需要投向一個具體特定的對象。

成年人也會表現出相類似的感情關係。成年人若能產生相依關係，對某人由泛泛之交變成牽腸掛肚、朝思暮想，這種感情只能連接上一個特定的人物。許多時候，少年人的初戀情人，就是他投注全副感情的對象，即使失戀以後，常常會不自覺地尋找當初那個情人的影子。現代青年人隨意拍拖，隨意「換畫」，以為充分運用自己的戀愛自由，其實不單傷害了對方，也傷害了自己。因為不能與一位特定的人物建立長久的關係，根本就無法享有穩固而滋潤的情感維繫，顛沛動盪，如無根的浮萍，以為能夠抓住片刻刺激的歡愉，卻如鏡花水月，自身無所依託。

持續不斷的感情依戀（Persistence）

相依關係一旦形成，就很難切斷。有些人自幼跟隨菲傭或婆婆成長，一起作息，一起睡覺，某天婆婆離開人世，或者菲傭離職還鄉，孩童的心便留下一份難以言傳的失落，那份傷痛可以自童年開始持續多年，深入整個人的感情脈絡。

有些人可能牽掛一個童年知己，或者依戀一個青梅竹馬的鄰居，而這份微妙的感情實難以向人述説。那份依戀的感情，有時足以令人牽掛一生。

一些有關離異的研究指出，一個離婚人士縱使如何憎恨和討厭自己以前的配偶，但心頭牽繫的正面或負面感覺，在斷絕關係後，仍舊會持續一段日子（通常長達兩、三年之久），這種奇異的心理現象，可以從相依理論獲得啟示。

十年生死兩茫茫，
不思量，自難忘。
千里孤墳，無處話淒涼。
縱使相逢應不識，塵滿面，鬢如霜。……
—— 蘇軾《江城子》

蘇軾悼念亡妻的《江城子》，情意深長，水滴石穿，映照出綿長的相依心理感情。

2.5 相戀的崎嶇

常常聽見一些朋友傾訴，戀愛路途，感覺往往是又愛又恨。今天哭喪着臉，發誓不要再見對方，下星期又見他們相偎相依，甜蜜如糖，令到周遭關懷他們的人為之氣結。

這類相合相分的極度糾纏，有時出現在一些旁人看來絕不相配的情侶身上。他們斷斷續續地拍拖，斷斷續續地分手，拖拖拉拉三年五載，為了種種環境因素、社會期望、道德責任，甚至因為一份疲累、一份熟悉的感覺而結婚，身邊的朋友只有在嘴上送上祝福，但心底裏卻暗暗驚恐，甚至搖頭歎息。他們結婚兩三年後，或許傳來離婚的消息，這時只有引來一連串這樣的回應：「這個我早就預料到了，但當初他們總是不聽人家的勸告。」

身為親戚朋友的，有時十分為難，誰有資格判定誰適合誰或不適合誰？婚姻始終關乎個人的終身幸福。有些人的配合，看來好像「阿媽教仔」般：一個總是嘮嘮叨叨，另一個只有聽的份兒，結婚後卻十分恩愛；有些人看來郎才女貌，卻是經常衝突吵鬧，至終失戀收場，無法相處。世界各地的性向測驗也找不出一條方程式能夠説明或預測，怎樣的人一定不能與怎樣的人匹配。要是誰人找到這條方程式，他一定能夠一夜間成為千萬富翁。

人就是這樣一個多變、自主的主體，任何困局都可以衍生生機，但任何生機都可以逆轉成為悲劇。事實上，沒有人可以預測生命的全程，於是，我們學會了謙虛地追蹤生命的道理。

2.6 四種相依形態

相依理論縷述了人類相依的一些基本的表現形態，可以對親密關係的人生道理提供一些啟示。有一批學者（Ainsworth, 1985, 1989; Main & Solomon, 1990; Haran & Shaver, 1987; Shaver & Haran, 1994）繼承了約翰波比對母子關係的研究，繼續發展出二人親密關係的四種相依形態。

且讓我嘗試簡潔地將四種相依形態本土化地勾畫出來。

安全穩靠型（Secure）

安全穩靠形態是相依模式中最健康、最理想的親密關係模式。這樣的成年人擁有一個安全穩妥、被充足照顧關懷的幼年時期，所以他們對周圍的人和事物擁有一份安閒自得的安全感，也相信別人能愛護自己，關心自己，而且擁有穩妥而良好的自尊。

這樣的人很易於親近，也樂意主動的體察別人，關心別人，與人相處是一件輕省而自然的事。他的內心藏有深層的信念：相信人基本上是可靠的，也信任別人肯關懷自己，於是，他很樂意與人交心，自願披露心事，為別人效勞，在關係中出入自如，又懂得獨立自處，腦海中絕少想到別人會遺棄自己。

這樣的人，是人際疏離的現代石屎森林中的瑰寶。他們有如黏貼劑，把人黏緊；又如一把火，把冰寒的暗夜照亮，給人盼望和溫暖。

冷若冰霜型（Anxious Avoidant）

有些人不苟言笑，鬱鬱寡歡，總是自覺或不自覺地有一個屬於自己的天地。他那份冷若冰霜、喜怒不形於色的神秘姿態，在相戀時很容易叫人神魂顛倒，內心好像有一個深邃而幽寂的海洋，教人不可參透。

冷若冰霜者幼年時多受忽視，可能父母都要為口奔馳，身心俱疲，無暇顧及他們的需要。他們最熟悉的經驗，是當內心有需要和渴求時，親人永遠不在身旁，於是，他們建立了一個信念：這個世界是冷寂而沒有回應的，人生基本上是靠自己掙扎求存，對人間的親密關係，骨子裏是不信任，亦沒有什麼期望。

這樣的人不願與人交談太深；接觸得太密太近，會感到渾身不自然，骨子裏不信任別人會真心真意地關心自己，寧願信奉「君子之交淡如水」，對人很少記掛在心，喜歡個人空間多於與人交往，專長於活動、事務、思想。與人拍拖，總是覺得對方需要自己多於自己需要對方；很難與親愛的人建立親密關係，對對方的感覺，很快失去。

「超人」型（Anxious Resistant）

一個「超人」形態者，與冷若冰霜者心底經驗結構有相似的地方。他們幼年時也是不肯定會否得到親人的照料關懷，親人有時接近，有時遠離，感受患得患失。不過，他們的失望沮喪，比冷若冰霜者來得淺一點，所以他們以為只要努力嘗試，也許能留住親愛的人；一廂情願地以為，反過來照顧自己的親人，便能獲得親人多一點的關注。他們很容易成為一個「小大人」，敏感他人的需要，年紀小小便負起責任。由於他們在學習照顧周遭的人時，的確能夠獲取多一點的關注，於是他們很勤力地照顧別人的需要，關懷別人的需要。至於自己，他們早早學會了照顧自己，儼如「超人」是地球的朋友一般。

這類人很容易受歡迎，他們看起來剛強自處，獨立能幹，成為眾人依賴的對象，可是，這樣的人卻從沒有看透自己內心的脆弱。他們不斷付出，抱打不平，成為眾人所需的一張被子，卻不敢接受別人的好意。他們在內心建立了一個信念，認為美好事物不會長久，別人不會對自己有真正的興趣；一旦失去照顧別人的能力，他們便會被離棄。他們心底裏有一份久久埋藏而不自覺的自我需要，內心有一份說不出來的孤單。

別人慣於接受他們的愛，卻忽略了這個肉造的「超人」。「超人」形態者也難於與人建立信任、穩妥、對等的親密關係。有時候，這些人表面上最是自給自足，最是堅強，卻同時被最愛的人忽略。今天，他們也許還是忙忙碌碌地承擔責任，受器重，獲賞識，明天卻忽然跳樓自殺，消失於地球的一角。

矛盾糾纏型（Anxious Ambivalent）

矛盾糾纏的相依形態者，幼年時曾經嘗過十分矛盾衝突的經驗。例如父母心情惡劣時，可能要打要罵，嚴懲大誡；但父母心情良好時，他們要拿天上的月亮都可以。有些人的情況，可能是兩位親人中，一位慣於嚴苛懲治，不可親近；但另一位則嬌生慣養，毫無節制，而這兩個親人不一定是父母，也可以是保姆或婆婆嫲嫲。

矛盾糾纏形態的人在親密關係上經歷兩極搖擺不定的虐待、驕縱、忽略，造成他們在親密關係上需索苛求，糾纏矛盾。一些研究發現，這種形態的父母中，有些人曾遇親人離喪，心情抑鬱，未獲疏解；照顧子女時，也會矛盾得很，時而暴躁，時而疏忽，時而寵愛，為內疚作出補償。於是，在這種矛盾擺動的親密經驗底下，他們的孩子在內心累積了許多焦慮、憤怒、困惑、惶恐、無奈，以及憧憬、渴求。

成長後，在愛戀的表現中也會搖擺不定，需索很大，常常害怕對方的愛心忽然變成冷酷的皮鞭，於是心內猜疑，經常要求確實保證；另一方面自己卻又殷勤有加，渴望時刻形影不離。他們對一般朋友和對愛人持雙重尺度：對朋友可能寬容大方，對愛人則特別苛求而不自知，而且情緒敏感，怕被人厭棄，隨時爆發情緒衝動，甚至表現出自虐行為，使戀人受盡苦楚，疲累不堪。歸根究底，矛盾糾纏形態的人內心缺乏安全、持定、一貫、可靠、有界限的親密經驗，表現出動盪搖擺，需索無窮。

以下我將各種相依形態的學說表列出來(註2),讓大家更容易了解,一目了然。

四種相依形態圖

	安全穩靠型	冷若冰霜型
自我形象	正面	負面
對他人的期盼	正面	負面
與別人連繫的思想/感情	自如;自在	困難;難恆久記掛;容易失去感覺
自我剖白	容易	極少
對愛人的要求	實事求事;成熟處理;適可而止	隨時準備撤退;絕少表達興趣和要求;沒大動力修補關係
應付壓力的能力	懂得自處;愛情以外懂得尋找支援;人緣好	害怕壓力;常常否認壓力;美化處境,自欺
心理自衛形式	各種形式;均衡而不過多	壓抑,否認,幻想

「超人」型	矛盾糾纏型
負面	負面
負面	正面
容易付出，但旁人難於接近；很少接觸感覺	矛盾混亂；動盪不安；「一時一樣」
極少	過多
絕少表達內心需求；自衛，以防受傷；對愛情似並不在乎	死力糾纏；極多要求而不自覺；經常測試對方
勇於接受壓力，但內心常常衰竭；合理化，否認，自衛	極度不安；無法停下來；常常尋求改善；壓力極大
壓抑，否認，幻想	警戒預防；憤怒抵抗；擴大焦慮

上述四種相依形態，是早年與親密關係有關的研究中的四種典型，因相依理論剖析深入，吸引了西方學者的注意，近年有學者更進一步將成年人的相依形態分成十種。(註3)

閱讀了這些形態分類，你可能會感到某一兩種親密形態，甚或感到每一種親密形態都有點相似，因而茫無頭緒。以下的一些問題，或許能幫助你自我反思，找出所屬的形態。

（1）你雙親的婚姻是否充滿衝突，經常劍拔弩張？

（2）你雙親曾否離婚？如有，過程是怎樣發生的？對你有何影響？

（3）你與伴侶是否曾激烈熱戀？

（4）你與伴侶會否為了迴避衝突而刻意遷就？

（5）你與伴侶各自結交朋友，彼此是否感到十分嫉妒？

（6）假若你與伴侶分開一段時間，甚或分手，雙方是否會陷入抑鬱的深淵？

倘若你和你的伴侶在反思以上的問題後，大部分或全部答案都是「是」的話，你們的相依形態便不是安穩信靠的類型。學者（Hindy, Schwartz & Brodsby, 1989）指出，電光火石般激情的愛，並不一定是最深刻的愛，也不是經得起考驗、細水長流的愛。若果青年男女童年時與父母的親子經驗中，許多時前後不貫徹，經歷又溺愛、又苛責、又忽略等不安全的經驗，成年時期很容易「戀上」愛情，即所謂「為愛情而上癮」（addicted to love），這樣的年輕人愛得急，但分手也快。

2.7 有情相繫

驟眼看來，成年人的相依形態五花百門，令人為之目眩。然而，重要的不是相依形態可以有多少種細緻分類，最重要的是從相依理論中，我們了解到二人相戀是一種彼此影響、互相結連的微妙關係，有如二人的舞蹈，或快或慢，或前或後，全在於二人的情感和心理規律。而這些心理規律，又根源於早年對親密經驗的親身體驗，在潛意識中形成一種自動投射的經驗模式（representational model）。戀愛中的青年人，常常在情人身上，下意識地接觸到過去親密人物的影子，例如父母親、疼愛自己的師長、閨中密友、初戀情人等。

為何早年的親密關係對人產生這麼深遠的影響？從不同的相依理論研究中（Everett C.A., 1987: 29；Maris P. in Walters & Wall, 1978: 78），我們開始發現，原來相依關係的形成，是兩個人產生了一種無形的連繫，這種連繫背後連結着二人底層的經驗、信念、價值觀，組成個人的身分和意義核心。譬喻説，一個少女對另一個男子着迷，是由於她認同他一種豪邁不羈的氣質和正義感；一個男子戀慕一個女子，原來是由於認同對方特立獨行的風格，不受他人制肘的高傲氣質。許多時候，這種認同或着迷的氣質，常常是自己的父母或童年知己所擁有的，是一種曾經正面或負面影響自己成長的熟悉的經驗。

由此，我們可以追蹤到，原來親密的相依關係，是自我價值感和意義感的原動核心（organizing centre），怪不得，一個人失戀的時候，就好像連自己也枯死了一樣，一蹶不振。

要好好地處理戀愛關係，並不是要不停拍拖，測試自己的魅力；而是要安靜下來，了解自己的成長經驗，參加成長工作坊，閱讀，反省。首先嘗試建立穩固、對等、深厚的友誼，在真純的友誼中重新孕育安全感，重獲穩妥的自尊和自愛的感覺，才再尋覓戀愛之路，以免在戀愛路途上屢受重傷，磨損了愛情的動力和希望。

註：

1 Hatfield, E., & Rapson, R.(1993). Love and attachment processes. In M. Lewis & J. M. Haviland(Eds.), *Handbook of emotions* (595-604). N.Y.: Guilford Press.

2 改編自 Noam & Fisher(1996)，頁 35，原版本沒有「超人」型一項。

3 大家若有興趣，可以參考 Kaslow, F. W.(Ed.). (1996). *Handbook of relational diagnosis and dysfunctional family patterns*. N.Y.: John Wiley. pp.84-85.

第三章

個性之旅

到底有沒有所謂性格不合？

又什麼性格才會與什麼性格相合？

有沒有什麼必然規律或心理知識可以指導我們，

怎樣的人才適合怎樣的人呢？

3.1 個性不合？

常聽見愛侶或夫妻説：「我們個性不合。」當兩夫婦想到要離婚，許多時也會滿腹牢騷，認為大家性格相撞：一個急驚風，一個慢郎中；一個喜歡東，另一個偏喜歡西；一個喜歡沉默含蓄，另一個卻查根究底每事問……對方似乎是自己的前世冤家，故意要來與自己「搞對抗」。到底有沒有所謂性格不合？又什麼性格才會與什麼性格相合？有沒有什麼必然規律或心理知識可以指導我們，怎樣的人才適合怎樣的人呢？

性格，的確是一個謎。性格到底是先天決定還是後天薰陶？到今天仍是心理學上一個辯之不完的課題。當過母親的都會驚歎：呀！嬰兒生下來的確有一副屬於他的稟賦。有些嬰兒只須搖兩搖、拍兩拍就安然熟睡；有些嬰孩則終日搖手搖腳，活躍不停；有些嬰兒難受勸慰，哭聲既淒慘又蠻橫；也有些嬰孩即使肚子餓、尿了牀、跌倒了，都若無其事，視作等閒，常掛笑容，輕輕鬆鬆的。

看來一個人生下來已經有一種性格的核心，後天再在這軸心的基礎上加以模塑、教育和建立，從而形成整全人格，或破損人格。

於是，破損人格互相交往，自然會彼此踐踏，彼此傷害；整全人格互相交往，就可以發掘對方的美麗、完善，雕琢對方的缺陷，從而相互建立成長。基本上，不懂得獨處，未有自省能力，未能培育、愛護、勉勵、認識自己的人，便未有能力去與他人建立親密關係。

3.2 東西文化的自我觀

認識自我，是西方心理學的一個重要焦點；而中國文化不同的哲學傳統，各自對自我也有不同的想法。儒家思想不太着重自我，而較着重自我在關係上——如君臣、父子、夫婦、兄弟、朋友——扮演的角色，而關係的輕重又再視乎整個角色關係在大社會倫理網絡中的等次地位。儒家文化中，夫婦關係，或者兩性親密關係，並不如西方般看得這樣重要。夫婦關係排列於君臣和父子關係之下，若為了維護君臣、父子的關係，夫婦關係大可以犧牲。所以，在傳統觀念中，兒女比丈夫或太太更加重要。

道家思想崇尚解脱、虛無、出世、歸隱、與天地冥合；實則虛之，虛則實之，對人生有沒有客觀實體存在着種種疑問。佛家則看重人與自然與萬物的生生不息，轉世輪迴。萬物皆有佛性，亦有魔性；可以成佛，可以成妖魔。苦海眾生，沒有所謂個別的主體，在螺旋形的時間線中，萬物不斷輪迴。佛教排斥色相和情慾，認為情是執迷，是劫，是惡劣的東西，是人類的陷阱，而不是人性自然的心理需要和心理流動。對於自我、感情、關係，全部持否定態度；對人間的親密關係，保持被動、消極和宿命主義。

西方和中國社會，對於人作為一個自我主體的看法，實在各走極端。西方自培根（Francis Bacon）、笛卡兒（René Descartes）以來，便確認人是有理性的主體，而知識就是力量，憑一己的智慧、意志、理性就可以征服地球，控制宇宙。自我變成無限大的主體，自我操控、管理、支配一切，自我作為宇宙地球的中心，西方的心理學也多多少少存在着這種以自我為中心的假設。比方說，西方心理學十分強調要認識和滿足自己的心理需要。西方心理學隱含一種思想：人一旦不明白自我的需要，不重視自我的感受，不理解自我的想法，自我就會被苛待，而自我就有權選擇離開關係，去尋找能滿足自我需要的新的對象、新的方法。於是，就產生一種論調：我們性格不合，彼此不能滿足；我不快樂，反正不快樂，不如我就離開關係，我有這樣的權利。權利、自我滿足、快樂，成為進出關係的最高指引。這個自我中心、極度個人主義的思想，主宰着西方心理思潮的取向。

固然，當中最奧妙的，也是最受人忽略的想法，就是「每個人都有權利選擇如何使自己快樂」。假如甲與乙相處不來，於是甲選擇要離開乙而使自己快樂；可是乙並不介意兩人之間有些許衝突，而甲提出分手，正使乙遭受被遺棄、被拒絕，因而感到不快樂。那麼，乙又有沒有權利選擇不解散關係來使自己快樂呢？難怪有些人為了一洩心頭之氣、悲傷、怒憤，殺人自殺，一拍兩散，以解被拋棄的憤怒。這樣的拋棄者和被拋棄者，全都處於由自我中心出發的紊亂狀態。

中國文化則走進另一極端——尊重羣體，扼殺個體，羣體利益凌駕個人利益之上。許多人壓抑自己，隨大潮流走，隨建制和繩規走，作一個失去自我的平面人。中國傳統加上教會傳統，通常會製造出自我弱化、毫無個性、遷就大局的好好先生、好好小姐，強化社會穩定，卻扼殺自我的活潑心靈。

單純強調個人對外在世界的調控、改造，或單純強調外在世界對人的制約，都是各走極端。若按照耶穌基督愛人如己的真理，自我之中有他人，他人之中有自我，情義兩全則是最高度的藝術和平衡。

這樣看來，自我認識要在有終極目標的關懷下演繹出來，才有意義。

3.3 個性之道：九柱圖性格類型

西方十分着重發展人的個性和自我認識，所以有許多不同的性格類型理論，例如，最被普遍採納的十六種性格類型（Myer-Brigg Personality Type）就是混合四種性格並作二分取向而建構成的：

（1）內向對外向（introvert vs. extrovert）

（2）感知對直覺（sensing vs. intuitive）

（3）感性對理性（feeling vs. thinking）

（4）直觀辨察對思考明辨（perception vs. judging）

但西方的性格典型常存在着一些限制，傾向過分二分。一個人可否很理性，同時亦很感性？可否在有些處境內向，另一些不同的處境則外向？此外，這些理論除了斷定一個人屬於哪個典型，以及描述各種典型的特質外，便沒有提到一些成長或自我雕琢的出路，於是把流動的生命勉強描述成一個固態，這也就是所謂「定型」的毛病。

此外，美國流行一套聞説是來自中東的性格理論——九柱圖性格類型（Enneagram）。在接觸過這套理論後，我覺得值得把它發揮應用，因為這套理論有以下幾個特徵：

（1）強調個性是自我尋覓和自我成長之旅，清楚指出正向和反向的成長路線。

（2）既然是尋覓的旅程，故主張每個人為自己定位，反對把人定型。

（3）指出每類性格的軸心根源，但其發展路向卻是辯證的，同時可以發揚擴張成光輝人格，也可以墮落沉溺成病態破損人格。

（4）疏解力來自認識自我脆弱的關鍵點：在某些地方，我們要挑戰自己作出改變；在某些地方，我們要對自己寬容接納。正如一篇祈禱文所說：「神啊，求你賜我寧靜的心去接受我所不能改變的，賜我勇氣去改變我能改變的，並賜我智慧去分辨兩者。」

（5）這套性格理論是複雜而立體的，組合出最多類不同類型的性格：九種性格、兩種翼鋒性格、三種動態取向，最少能組合出五十四種性格的變化，而且隱含現在、過去、未來的時段關懷。人是複雜的，愈是複雜的性格理論，愈能接近人類個性的真相。

事實上，坊間有許多英文書或中文譯本，介紹九柱圖性格類型，故此我不會在這裏詳細談論。但我最希望的，是能夠勾畫出閱讀九柱圖性格理論的精要點，從而指出對愛情和擇偶的啟示。

三個動力源頭

在探索人類不同的個性形態時，九柱圖理論首先追溯人的動力源頭。舉例說，假如你趕着約會，但當你抵達巴士站，卻發現巴士剛剛揚長而去，你第一個反應是什麼呢？

有些人第一個反應是心的反應：「死啦！佢實嬲死我，一陣唔知點樣賠罪先至好？」「最衰都係自己，臨出門仲要換手袋。」「冇法啦，唯有打電話安慰佢，話佢知好快就有第二架巴士啦。」「嬲」（生氣）、「衰」（不好）、「安慰」等主題思想，都是環繞自己的心情和對方的心情作為着眼點的。這一大類人的性格稱為「感覺先行的個性」（Feeling Type，情感動力型）。

另一些人的第一個反應，是立即看手錶，想一想尚餘多少時間，然後自腦海中搜索附近還有什麼車站、小巴站、的士站，還有沒有其他直接或間接去到目的地的路線，計算轉乘其他交通工具或繼續等下一輛巴士，到底哪一個方法更節省時間和金錢，更有經濟效益。「想一想」、「腦海」、「計算」等類反應，大部分是環繞腦部的思想活動。他們精打細算，實事求是，搜集資料，解決問題。這一大類人的性格稱為「理性先行的個性」（Thinking Type，思考動力型）。

最後一類人的第一個反應，可能是血脈沸騰，心跳加速，摩拳擦掌，即使未必破口大罵，也會是心裏「勞氣」：「豈有此理，竟然差一點點就趕上，真倒楣！」「最討厭是那紅綠燈，紅燈時間咁長，一定要投訴！」「阿甲真過分，明知我唔鐘意遲到，仲偏偏要在繁忙時間約我！」心裏按捺不住，不想再等另一輛巴士，有股一口氣跑往目的地的衝動；發現電話無電，又找不到公眾電話，幾乎把手機棄掉。這一類人是最動氣的人，他們血氣旺盛，反應快而強烈，喜歡注視環境，操控環境，容易動怒，傾向藉指摘來疏導內心張力。這一大類人的性格稱為「血氣先行的個性」(The Gut Person，火氣動力型)。

在危機中的第一個反應，反映出我們性格根源的動力源頭。在九柱圖性格理論中，這三個動力以下各再細分為三類個性。

(1) 感覺先行的人有助人者、成就取向者、感性藝術者。

(2) 理性先行的人有觀察思考者、提問者、多姿多采者。

(3) 血氣先行的人則有完美主義者、和平追求者、操控者。

由於篇幅所限，有關每一類型個性的細緻描述，大家可參考其他九柱圖性格理論的書籍。

整全成長之旅

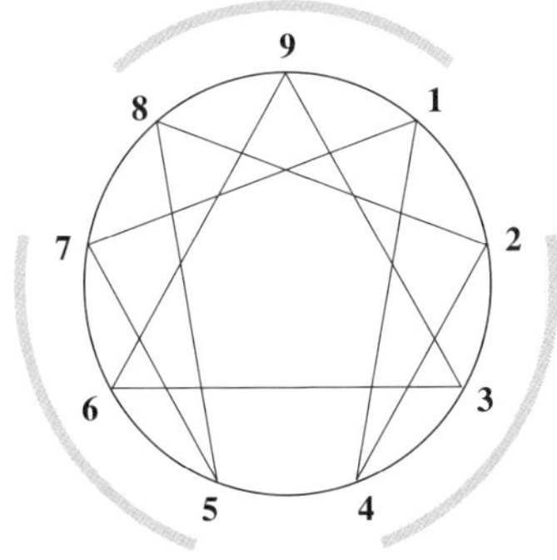

九柱圖性格類型

1　完美主義者（The Perfectionist）
2　助人者（The Helper）
3　成就取向者（The Achiever / The Motivator）
4　感性藝術者（The Romantic / The Artist）
5　觀察思考者（The Observer / The Thinker）
6　忠誠者 / 提問者（The Loyalist / The Questioner）
7　多姿多采者（The Generalist / The Adventurer）
8　操控者（The Leader / The Asserter）
9　和平追求者（The Peacemaker / The Mediator）

健康成長方向：1 → 7 → 5 → 8 → 2 → 4 → 1 或 3 → 6 → 9。

不健康成長方向：1 → 4 → 2 → 8 → 5 → 7 → 1 或 9 → 6 → 3。

向上的成長和向下的沉溺

任何一個性格類型都可以有向上或向下的發展拉力。舉例說，一個完美主義者的向上發展拉力，是不甘於次等情況，追求完美境界，成為敢怒敢言勇於改善的革新力量；可是完美主義者因為容易嗅出現實中負面和不足的地方，容易產生不滿、緊張，對自己、對別人挑剔，造成種種負面拉力。

其他每一個性格，都如一個銀圓的兩面，蘊含各自的正負面，除非走畢不同個性的路徑，經歷各種個性的獨特處，苦心修煉，才能夠漸趨圓滿成熟。在成長的過程中，任何一類型性格必然有它可愛又可厭的地方——既取悅伴侶，又棱角磨人。

九柱圖性格理論，有一套向上或向下旅程的旅程指示。在其中，人要不斷向上成長，達至自我完善，擴張美善的轉化境界。相反，一個人不斷向下陷墮，有如踩在浮泥上，陷入病態、緊張、自毀、自欺、仇視、暴戾的個性，或產生身心病、精神失常。

九柱圖性格理論所指示的整全成長之旅，是1→7→5→8→2→4→1或3→6→9。相反方向的，則是不健康的發展旅程。這些數字，對於未詳細閱讀九柱圖性格類型書籍的人，可能會莫名其妙。篇幅所限，這裏亦不能詳細解釋，以下讓我舉一個例子，作點題式的闡述。

假如一個人是血氣先行的完美主義者（1號），他的強處是力爭上游，一絲不苟，可是卻因為過分認真嚴格，苛求自己，挑剔別人，對人多挑戰、少欣賞、少鼓勵，給別人給自己甚大壓力。他健康的成長路向，是趨向多元化性格（7號）發展，擴展趣味、輕鬆、多元、自在、創意的一面，能平衡自己循規蹈矩的緊張。修煉成熟以後，他可再向深思鑽研的思考型（5號）發展。因為多元化、多姿多采的人失諸輕浮，不堅持，不聚焦，做事有開始卻不能堅持到結尾，一切創意動力無法往深度發展，所以他要往聚焦、鑽研、深思發展，才能開創有深度有實力的素質。

可是，思考型亦流於過分抽象，太過抽離於人羣；思考雖有深度，卻未能與世界和羣眾交流，亦未必能實踐驗證。故此，他要向領袖型（8號）發展，探索環境，掌握環境，進入實務。但領袖型的個性傾向操控環境，以做好事情為首要，忽略了對人的顧念和慈心，故需進深發展助人者（2號）對人憐憫關顧之情。然而助人者也因忙於到處助人，留心別人的需要，欠缺獨處，沒有深入自己內心靈魂深處，缺乏自省，他需要發展藝術者（4號）的內省、獨處、靜思，接觸心靈的實況。不過藝術者又因過於個人主義，以及太過主觀，太以感覺先行，容易變得狹隘和迷惘，需要發展完美主義者（1號）的客觀原則、廣闊胸襟和高遠抱負。當他這樣子年年月月地修煉琢磨，最終才完成整全的生命旅程。

《聖經》中有句話説：「攻克己身，叫身服我。」説明了人雖潛藏着向上或向下的成長動力，但人要對自己了解、接納、克服，才能邁向成長，拓展出人格的光輝。而人若反其道而行，則隨時可以墮落、自憐、自負、含恨、抱怨，生發出身心病、精神崩潰，作出傷害自己、傷害他人的行為。

3.4 自我認識與自我成長

西方文化與中國傳統觀念，對自我的要求和培育有所不同，所以，一個人若浸淫在中國文化傳統之中，同時又接受西方心理學洗禮，不免產生許多內在張力。例如中國人的教會所演繹的基督教教義，最強調順服、守規矩。所以，婦女遇見丈夫有婚外情，中國人的教會許多時會不問背景情由，只一味勸喻要和諧、寬恕、順服、「煲湯」、「斟茶」、「遞水」；而西方的教會則強調個性和主體，教會雖也提到饒恕，但首先會尋求了解事件的背景和原因，才考慮如何作出負責任而不傷害他人的決定。西方傳統的演繹較多強調自主和責任；而中國傳統則較多強調忍耐和順服，形成強烈對比。

然而中國古代理想的人格精神，是「富貴不能淫，貧賤不能移，威武不能屈」，絕對是有定見、有主體的人格理想。當中人格主體的帶動力，是道德光輝的人格追求；西方主體的帶動力，在心理學的統帥下，常常是自我滿足、自我發揮的心理需要。

我們如何在性格類型知識的啟示下，尋求上帝創造願望中的自我成長，超越中西文化對壘的藩籬？身為輔導員，這是我經常思想的問題。我想提出幾點綜合的觀察，與大家分享。

愛護自己，與自己友善相處

未曾獲得人格獨立的人，通常都是一個「無所謂」的好好先生，對人遷就、適應，容易相處，可是內心卻充塞着不滿、委屈、自圓其説、拒絕相信真相的感覺。人格未曾站立得穩的人，下意識最怕別人拒絕自己、不喜歡自己，稍稍風吹草動，便疑雲陣陣，失去安全；或是討好別人，失去自我。在這處境中的人，將自己的價值，建立在他人的眼光上。

喜悦自己、愛護自己、與自己建立友誼，是非常重要的。要明辨清楚，珍惜愛護自己，不等於縱慾放任，隨己意行事，反而因為珍惜自己，不會糟蹋自己，浪費光陰。自愛不等同自大和自我中心，反而會助長知恥持重之心，有上進的動力。不能與自己建立友誼的人，自然不能與他人契合相處，這是千古不變的金科玉律。

1 號個性的人傾向自責內疚，對自己嚴厲苛求。

2 號個性的人常常討好別人，注視他人的需要，忽略了自己。

3 號個性的人，用冠冕堂皇的表達和包裝，遮掩自己的不足，不肯接納自己的失敗和限制。

4 號個性的人過分注意自己，形成自憐抑鬱。

5號個性的人瑟縮內心一角，迴避情感和外在世界的現實困難；與自己的接觸，虛幻浮游。

6號個性的人被焦慮和擔憂捆鎖，沒有空間去深刻地探索自己，與自己深入相處。

7號個性的人過分迴避痛苦，嘻哈打諢度日，卻不知人間苦痛是通往心靈甦醒的鑰匙。

8號個性的人深受人際森林規律的冷酷苦待，於是以事務取代個人，以成就取代心靈，結果愈戰愈苦，愈苦愈冷酷，與自己的距離愈來愈遠。

9號個性的人過分追尋安寧、安逸、閒適、優游自在，與自己失去熱情的接觸，得過且過，內裏的自己活像一團豆腐，沒有雕琢，沒有形狀，沒有動力，沒有色彩。

由此可見，不同個性的人都需要認識自己，善待自己，多作鼓勵，才能在成長中與他人建立親密關係。

內在旅程和外在旅程的平衡

一個人格整全、精神生活豐富的人，必然擁有豐富的內在旅程和外在旅程。

什麼是內在旅程？什麼是外在旅程？有些人的生活終日

營營役役，勤奮拼搏，不斷向外撲，在現實人生的經驗十分豐富，卻沒有時間安靜下來，細思反省，細味人生意境，培養幽雅情懷，不敢接觸生命內在的傷痛、憤怒、憂愁、疾苦。這種人的外在旅程十分豐富；內在旅程卻乏善可陳。唯有人肯接觸自己的脆弱點，才能喚醒心靈，才能醒悟人生的局限和不足而流淚懺悔。經常懺悔的靈魂最是柔和美麗，生活起來也透露着人性惻隱堅強的光輝。1 號、2 號、3 號、8 號的個性，最欠缺內在的旅程，最需要屬靈伴侶或導師的提醒，經常要靜下來靜思、自省，回歸心靈的幽暗處。

相反，有些人則側重於內在旅程，忽略了外在旅程的重要。這些個性傾向躲藏內省，不問世事，無論遇到什麼事情，都在主觀的情感世界陷溺，或者空泛地作思想漫遊，只有言語而無行動，有感觸而無實踐。他們需要勇氣和信心，去闖一闖外在的世界，與人互相交往，彼此琢磨，不迴避衝突、傷痛、困難，在人際的衝突和實踐中，把生命的深度具體呈現。凡未經歷考驗的東西，都是空虛、幻想和抽象的；抽象的人生使生命有如縷縷輕煙，可以自我麻醉，卻不能為人生和人羣帶來真正的祝福和豐富。4 號、5 號、7 號、9 號都有逃避現實的毛病，需要自我鼓勵，去闖出一個客觀、具體、可以實踐的人生。

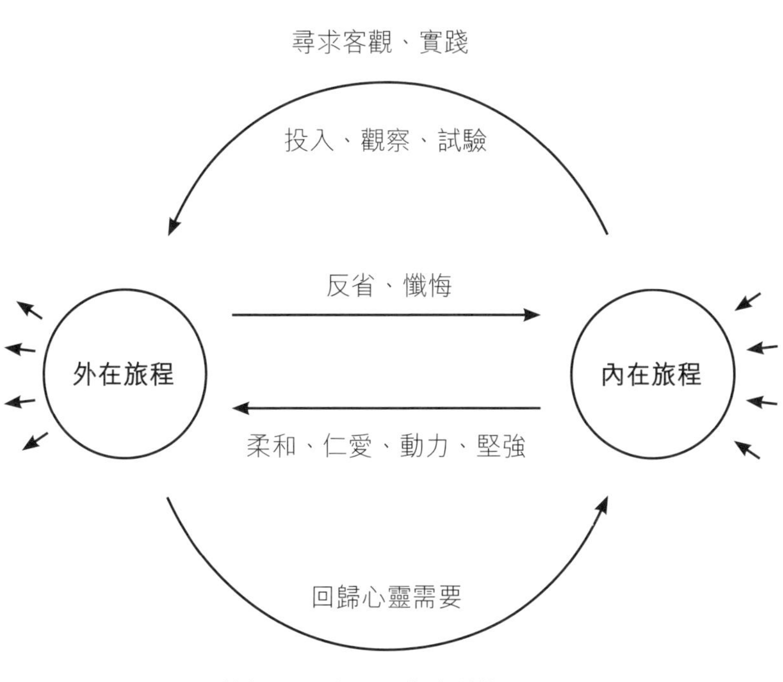
尋求客觀、實踐
投入、觀察、試驗
反省、懺悔
外在旅程
內在旅程
柔和、仁愛、動力、堅強
回歸心靈需要
接觸心靈脆弱，陶冶藝術心靈

每一代都需要啟蒙導師

人在成長的過程，自然有許多盲點、軟弱和自圓其說之處。耶穌基督用祂的生命影響十二門徒，而十二門徒又用他們的生命影響其他人。如此這般，以生命影響生命，我想，就是人生故事的全部意義。

古代人倡導提携後輩，對他們加以愛護、提點、琢磨；這一代人，卻再沒有時間、心力花在別人身上。工作、事業、投資、買樓、供樓、養家，令人疲於奔命，忙得幾乎不知自己是何許人也！莽莽蒼生，衍生段段婚外情緣，除了印證人性不忠之外，其實也說明了人的主體虛弱無助，千方百計想為自己尋求慰藉。誰來培養這一代和下一代的青年人、少年人呢？誰人還有一份熱情來啟迪生命、提携生命？每一代都需要啟蒙導師，上主在呼喚，有誰願意回應？

回復孩童的樣式

從九柱圖性格類型的啟示中，我愈來愈明白何謂屬靈的九個果子——仁愛、喜樂、和平、忍耐、恩慈、良善、信實、溫柔、節制，何謂回復孩童的樣式。這番領略，實非三言兩語可以解釋清楚。

坊間講述九柱圖個性類型的書籍，並沒有把每個個性的陷阱、提升、轉化講得清楚，姑且讓我嘗試以我有限的智慧，與大家分享我的演繹，有心人可再進一步參考、琢磨、研究。

情感動力型（2、3、4號）

	潛質／恩賜	盲點／陰暗面
2號 助人者 (The Helper)	博愛，熱情，情感流露，靈活，善解人意，聆聽，洞察他人需要	欠公平，欠寧靜，容易擺佈人或受人擺佈，多埋怨
3號 成就地位取向者 (The Achiever / The Motivator)	自信，上進，實幹，靈活，適應環境，有效率，洞察他人情緒變化，可提拔、鼓舞他人	欠寧靜，欠自省，逃避自己的限制，不敢面對失敗，易流於膚淺浮誇，虛榮心重，好勝
4號 感性藝術者 (The Romantic / The Artist)	敏感，內觀，直覺，心水清，情感強烈，敢於闖蕩情感禁區，超脱風俗和繩規，追求永恆、意義、真善美，洞察力強	傾向美化和幻想，逃避人性醜陋、現實，情感脆弱，任性，不守紀律，不願刻苦，忽略客觀事理，易流於固執、空虛、失落、自憐

陷阱→轉化提升	例子
自傲→操控的服役→良善 轉化契機：寧靜，內省，認識自己的需要；首先做一個有血有肉的真人；沉澱思想、感情，學習客觀、公義；學習聚焦思想，吸收廣博知識。	馬利亞的姊姊馬大
虛榮→講求效率、形象→真摯 轉化契機：從角色回歸真我，接觸小孩子，接觸大自然，培養純粹的文化、藝術興趣，如陶泥、書法、插花，卻不參與比賽，退居幕後；容許自己面對自己的無知、失敗，認識人的渺小；閱讀比較超脫的哲學思想；培養正確的榮譽感，例如：華而不實。	雅各
嫉羨→多愁善感、縱情→喜樂知足 轉化契機：醫治內在孤單、受遺棄的感覺；開拓學識，建立客觀精神；建立寬闊胸襟；內省時焦點能自由移動，從自我推己及人；除敏銳主觀感覺外，亦要建立普遍化宏觀的關懷，才能建立真正的深度和原創性。	大衛王

思考動力型（5、6、7號）

	潛質／恩賜	盲點／陰暗面
5號 **觀察思考者** **(The Observer / The Thinker)**	集中持久思考，有研究精神，擅長高層次抽象思維，內觀，心水清，敢於不合流俗，熱愛追求真理，敢於挑戰權威	怯弱，膽小，流於空想，欠缺行動、實踐，因欠缺實際而思想游離、天馬行空，因怕被拒絕、不被賞識而反動、敵對、尖酸、驕傲、妄想
6號 **忠誠者／提問者** **(The Loyalist / The Questioner)**	情緒穩定，和善可靠，易取信於人，勤懇，有法則，體恤人，節儉，公平，思慮細密審慎	太多顧慮，過分固執，優柔寡斷，思慮周全卻欠深度，因欠缺安全感而變成猜疑、猜測，查根問底，膽小，怯懦，裹足不前，停頓
7號 **多姿多采者** **(The Generalist / The Adventurer)**	輕鬆，靈活，機警，有才藝，冒險奮進，開創新事物，敢於嘗試	多心，心散，不能持之以恆，怕辛苦，虎頭蛇尾，疏忽責任，自欺，瞞騙，迴避心靈幽暗面和人生痛苦現實，欠缺安寧

陷阱→轉化提升	例子
貪婪→抽離、標奇立異、尖酸、苛刻→忍耐（神學家 / 發明家）	耶穌母親馬利亞
轉化契機：學習應付生活實務，如：木工、電工等；嘗試做義工、做家務；在生活需要上學習敢言決斷（assertive）；注意感情，聆聽內心的需要；結交「死黨」、朋友，學習傾吐心事；找出自己的關懷和承擔，用長時間專注、實驗、觀察和應用。	
怯懦→惶恐猜疑→信實	亞伯拉罕
轉化契機：找一個可信賴可保護的啟蒙導師；嘗試走不規則的路，容許自己逐步探索嘗試；接觸自己的惶恐驚慌；不過分籌算；容許自己做一些「蠢事」，培養幽默感；不強裝，不走到台前；開拓豐富知識；內省，騰出空間來總結經驗；建立公義心、為人着想的仁愛精神。	
貪圖享樂→輕浮的理想主義→節制	所羅門王
轉化契機：踏實地拋錨，徹頭徹尾地完成一件事、一個計劃，培養毅力、刻苦精神；靜下來，與自己和好，反省人生價值、先後輕重；醫治內在創傷，接觸黑暗和痛苦；產生內在的感激；不再用娛樂和消費去迴避問題，轉化煩惱為歌頌、默想、讚美、多才多藝。	

火氣動力型（8、9、1 號）

	潛質 / 恩賜	盲點 / 陰暗面
8 號 **操控者** **（The Leader / The Asserter）**	敢言果斷，有正義感，鋤強扶弱，抱打不平，直率，有膽量，同情弱小，不畏強權，簡單，真摯，強悍，鬥志旺盛	獨排眾議，自傲，喜操控環境、指揮別人，無意中把人「物」化，看人只看其利用價值，說話直接，容易傷害別人，衝動，性情猛烈，不肯退讓，欠安全感，焦躁不安，復仇心切
9 號 **和平追求者** **（The Peacemaker / The Mediator）**	平靜，祥和，穩定，容易相處，有憐憫心，能肯定別人，支持，容易滿足，使人和好，不爭競，洞察力強	偷閒，躲懶，沒有定見，欠缺自我，節奏緩慢，多幻想，易滿足，不肯正視理想，迴避衝突，自欺，壓抑需要和怒氣
1 號 **完美主義者** **（The Perfectionist）**	盡力，負責，有原則，做事盡善盡美，改革者，推動向善，懂得平衡，可靠，自強不息，道德感強，宏觀	雞蛋裏挑骨頭，批評家，對人對己苛刻，急躁緊張，欠自由，太執著，欠寬容，對人對己造成強大壓力

陷阱→轉化提升	例子
縱慾→以牙還牙→天真仁愛	
轉化契機：可以直斥其非；通常受嚴重打擊才會停下來，接觸內心的脆弱，要學習安靜、默想，着重內在旅程；學習「放手」，學習信任別人；開放自己，學習傾訴心事；學習為人着想，從他人利益出發；學習向別人求助；轉變導向：向「人」而不是向「成就」；學習調節怒氣，克制衝動，培養慈悲心。	
怠惰→和平、遲疑→恩惠、屬靈善導者	
轉化契機：絕不要強迫他改變，在壓力、指摘、挑剔下會適得其反，變得沉默抵抗；善用鼓勵、激發、吸引，喚醒一種對偉大意義的追尋，讓他知道你需要他，世界需要他，建立被重視的感覺；逐漸培育主體，建立自信；建立一項才幹，學習說「不」，建立主見，學習「有所為有所不為」。	
憤怒→追求完美、內含反感情緒→溫柔寬容	使徒保羅
轉化契機：遇到憤怒斥責時，嘗試靜下來，面對自己內心的焦慮緊張；多做鬆弛練習，多做孕育自己的事，飲食玩樂；原諒自己，感謝自己；從對自己寬容開始，轉為對人寬容，接納人生的缺陷和不完美，用弔詭的眼光重新觀照世情（可參考老莊思想）；內在雖已有踏實的料子，仍學習需要他人扶持；培養溫柔的情感，開拓情感世界，開拓胸懷、大悲情、大智慧。	

這樣看來，任何一種個性類型的人，都要經歷挑戰、挫折、痛苦、悲愁，才能回復人類天真柔和、純潔誠實的本相，建立屬靈的果子，造化每個人的心靈境界，回歸美善，可能這也就是造物主所以創造人的全部含意。倘若每個人都在琢磨鍛練中，提煉出祥和、真摯、寬容、仁愛、喜樂的境界，那裏自然就是天堂了。讓我們好好咀嚼當中的屬靈深意。

我曾經翻譯一些外國有關高度人格素質的特徵（見下文）[註1]，似乎與上述個性轉化的分析互相呼應，相輔相成。我們都是造物主的兒女，唯願我們都能活出奧秘的受造生命！阿們。

素質高的人格特徵

- 對人生意義、方向、目標有清晰掌握，能夠為人生步伐定下目標和遠象。
- 擁有寬容、開懷的胸襟，以正面態度處人處事，不長久懷怨。
- 因生命有方向感和目標，能夠抉擇和開創自己的生涯計劃。
- 有動力和積極精神，具建設性，靈活地透視逆境，跨越逆境。
- 保持開放、靈活的心懷，常具創意去展開新路向、新的機會。

- 因着具備上述五項素質，故此能發揮專長，有成就感和滿足感。
- 發展高度的自我價值感、自信、自尊和自愛精神，這樣的人懂得尊重、欣賞、珍惜和愛護自己，因此也懂得尊重、欣賞、珍惜和愛護他人。
- 懂得培育和接駁、汲取內在資源，培養內在的安全感、平安、喜樂、剛強。
- 懂得尊重、自重、自愛，發現自己的才幹、能力、技藝和興趣，因而喜愛自己，接納自己。
- 能夠與愛侶建立親密、友愛、持久的關係，他們喜愛自己，欣賞自己，因此也能喜愛他人，欣賞他人；在親密關係中，懂得欣賞、聆聽、支持鼓勵。
- 能夠與同性和異性發展親密的關係和友誼，友情流動自如。
- 經常對生命、宇宙、周圍的人存有感恩、讚歎的心。
- 與宇宙間的創造主緊緊連繫，因而能打通經脈，上達高度智慧、仁愛之源，形成生命的方向、意義和遠象。

3.5 個性異同對戀愛的啟示

我曾經談及戀愛的兩種基本態度，一種是以自我需要為基本出發點，找尋對象以滿足自我的需要，是一種滿足需要的愛情態度（need-based love）；另一種是以對方為尊貴、被尊重的仁者（person）的生命相遇交往的愛情態度（grace-based love），於是自身有如泉水，把喜樂、恩慈、提携、愛護等向對方湧流，在湧流中互相滋潤。

現代人的個人主義愛情觀，基本上是自我中心、以自我需要為出發點的。從這樣的愛情觀點看，任何人都有些特質是或多或少滿足自己的需要的，任何人也都有些特質是或多或少忤逆自己的需要的。

任何從自我中心出發的相戀，過渡了早期神秘迷離、互相追求愛慕的蜜月階段，就自然發現兩個人的自我的相撞，於是從期望到失望，從失望到幻滅，從幻滅到離棄。又或者會演變成一腳踏兩船：一個柔弱細膩、千依百順，另一個耿直硬朗、本事剛強；需要助手找「鍾無艷」，需要談情便找「夏迎春」。這是自古人類貪婪和「多心」的本性的表現。

相反，一種以上帝的創造為依歸，以對方為獨特至寶的珍惜態度，是仁者彼此相遇，以愛以恕以自我的美麗，去彌補對方的缺陷，如恩澤湧流。從這個態度出發，不同性格氣質的相擁相撞才能賦予我們有意義的啟示。

從事輔導十多年，我聽見有些夫妻在彼此的矛盾掙扎中，痛苦地提出疑問：「我們是否無法合得來（即廣東話的『唔夾』）？」合不來的確是很痛苦的，但正如我們從性格氣質理論得知的一個重要啟示，合得來與合不來是同時發生的，也是無可避免的。我們以為只要彼此相愛，就可以找一個完全合得來的人，這完全是一個美麗的誤會。

簡單舉例來説，據九柱圖性格理論分析，人類個性基本上有三種不同的原動力：感性、理性和血氣。感性的人善感多情，對他人的感受和對環境的直覺諸多顧慮，理性的人考慮周詳，錙銖計較，這兩種性格的人自然會羨慕血氣者的膽識、勇氣和衝勁；可是，在互相接觸和親密交往之後，感性者害怕血氣者的脾氣和不解溫柔，理性者會嫌棄血氣者衝動壞事，缺乏深思和深度。另一方面，理性者和感性者亦對血氣者產生不同的吸引力和互相排斥之處。理性者和感性者相戀，彼此相融相悦和相沖相剋的地方也十分明顯。

而原動力類型相同者相戀，即如感性者與感性者，可以溫柔旖旎，卻對實務過分糊塗，水費、電費、銀行存款，全部可以一塌糊塗；理性者與理性者相戀，天天都好像舉行公開論壇似的，整日理性交流，雖可以十分舒暢，可是也可以陷入辯論僵局，情感生活褪色，過於乾澀；血氣者與血氣者相戀，可以激烈動人，盪氣迴腸，同時也可以是風雨雷電，天天颳着八號暴風，家裏大小家具器皿都需要換上塑料或海綿製品，以免因為經常給扔去擲來，弄壞了而造成浪費。

故此，即使單以三類型原動力作一個簡單勾畫，已經看到任何類型個性的相戀，親近的時候，總有風光明媚和烏雲蓋月的經驗。由是之故，我們再不會幼稚地以為愛情就等於尋找滿足和快樂的途徑，兩情不悦、得不到滿足就有理由隨便分手。兩個有血有肉、有特別之處、有相異之處的人相處，互相重視對方，愛就必然是耗費心神、吃力辛苦，在歡欣中有痛苦、在微笑中有淚光的一個動感劇場。

再細緻探索的時候，我們會發現每一性格類型與另一性格類型親密相處，必須接納某種失望，也必然有一爭取和戰鬥的戰場。Helen Palmer 的 *The Enneagram in Love and Work* 中，精要地刻畫出不同類型的個性，在工作和愛情上相配合和相衝突的地方。那是一本很值得參考的書；而我從不同夫婦相處的觀察中，也發現了許多微妙的相俯就相促進的藝術。

舉例説，完美主義者（1 號）和領袖型（8 號）結成夫婦，是眾多個性配合中最充滿火花的，他們經常矛盾衝突，有如狂風暴雨一般。因為雙方都是火氣旺盛的憤怒型，加上彼此都十分認真，各有自己認為可行或理想的一套，彼此衝突頗大。

完美主義者（1 號）和藝術型（4 號）配合，彼此對理想、超越等追求相近，但雙方都較為着眼人生中負面的東西——完美主義者很容易覺察一切人和事的不足處，藝術型則容易感歎傷懷，看見人生的缺陷。於是，雙方一起便容易墮入負面情緒和負面認知的循環。

當然，雙方各自的個性中，也有一些健康元素，可以彼此提攜，互補不足的。完美主義者的知性原則，可以調節領袖型的衝動妄為，而領袖型的率直膽識也可打破完美主義者的既定框框，勇闖任性的天堂。

當我反復觀察和思考，我發現一個深邃奧妙的道理：無論一個人天生是什麼氣質形態，與什麼人配合，他必然有因他固有的特長和渴望而產生的沮喪和失望；每個人一生的修為中，其中一個核心就是如何接納自己，接納伴侶的缺陷，接納人生某些永遠的失望，並從和平的接納中，培養謙遜的情懷，然後去付出，去愛，去憑着信心活得更好。這就是至為艱深的「先放棄，後得着」的生命情操。

舉個例子。倘若藝術型（4 號）與領袖型（8 號）相戀結合，藝術型畢生要學習接納領袖型的簡單原始、欠缺細膩、毫不複雜的情感和欠缺思想深度；他需要把自己的頹喪失望轉求上帝，以愛轉化為謙遜溫柔的接納。同時，領袖型個性的人需要畢生學習接納藝術型的自由情感流動、「五時花六時變」、說話空泛、判斷和決策毫不實際，還需要許多自主和私人空間；他需要把自己極欲主宰環境的渴望交託上帝，以愛轉化為同感心及寬容恩慈。

從屬靈的角度看，每個人因自己不同的氣質，內心都有一個填不滿的空洞。舉例說，藝術型（4 號）天生善感多情，沒有什麼其他類型氣質能有這方面相同的潛能，所以他們要接納內心常常容易感到情感空虛。完美主義者（1 號）對人生堅持執著，事事追求完美，常常看見自己、別人和世界的不足處，別人和外界的疏忽、軟弱、限制、糊塗、怠惰，常常會開罪他們對世界的熱切追求。他們要畢生學習承認並接納自己和世界的欠缺、漏洞。和平者（9 號）最希望世界穩定和諧，寧願以不變應萬變的去否定人生的困難、繁瑣和衝突。他們要面對的挑戰是，畢生學習接納人生內在和外在必然存在的矛盾、對抗和張力，在接納中催生動力來正視、面對。

在我的觀察中，我發現了一個關鍵性的金科玉律：每個人的自我個性特質常常是他的強項，亦是他最渴望別人也具備的特質。舉例説，一個情感細膩善感的人，敏感是他的強項，他自然而然地渴望別人對他也是一樣的體貼和敏感；可是，正由於這特質是這個性的強項，別人必然有所不及。正如一個慎思明辨的人，總是覺得大部分人思想粗疏簡單、不夠全面一樣。於是，他的強項必然是別人未能滿足自己的空虛之處。倘若他盲目地冀求伴侶滿足這方面的渴求，必然帶來困難、挫折、失望，對方亦會下意識地感到被批評、被蔑視、被排斥。無論對方怎樣努力改善，也是未能及格，這是對愛的動力的最大折騰。

親密關係的秘訣，不單在於欣賞對方的優點或強項，還在乎洞察對方的限制。對方的限制的確會令自己某方面的渴求落空，卻是挑戰自己勇於付出愛的一面。故此，親密關係的一個真理，就是在自己的強項中，只求付出，不作虛妄的希冀要求，學習接納這份必然的寂寞和失望，去諒解對方，體會對方，調節期望，尋求上帝的灌溉，接納友情、親情、創作、活動等其他方面的滋養。

3.6 個性異同對擇偶的啟示

篇幅所限，有關個性異同對擇偶的啟示，我暫時只能勾畫出一個輪廓，不能對所有不同類型的配合作詳盡闡釋。就有關的輔導觀察，詳見《愛在點滴親和間——九型人格親密關係新啟示》。

就我在輔導中的經驗、觀察和反思所得，我想在下面提出幾個大原則，讓相戀的人擇偶時好好地思想一下。

個性健康的程度如何？

無論任何類型的個性相配合，若然雙方都能自我省察、鍛練、昇華，操練成健康的個性，任何類型的人相配合，都有其獨特的祝福；否則，便會成為敵意連天、相沖相剋的咒詛。

九柱圖性格類型指示出個性整合和成長的方向，以下兩本書，都是很值得參考的相關書籍：James Empereur 的 *The Enneagram and Spiritual Direction*，以及 Don Richard Riso 的 *Personality Types*。

對方有沒有自我完善的動機？

常聽見人們歎喟：「人會變，月會圓。」人生常變，人本身也會有許多轉變。相戀時最愜意的如意郎君，幾年後，可能忽然變成面目猙獰的暴君。所以，拍拖時，不單要觀察對方各方面的品質、素養的成熟程度，更要有長遠眼光——這個人是否願意承認過錯？是否願意自我省察和改變？這是擇偶的重要考慮。

是否明白雙方生活的目標和定向？

擇偶時的核心考慮是，將來我要過怎樣的生活？要建立一個怎樣的家庭？小康之家？鴛鴦蝴蝶？共同作戰？探奇冒險？有些個性類型最喜歡奮勇冒險、自我挑戰；有些個性類型的組合則偏向穩定，不喜歡變遷；有些個性類型激情動盪；有些則冷靜而退縮。在種種相異之中，雙方的人生理想是否一致？生活目標是否一致？家庭期望是否一致？情感的表達和要求是否一致？家庭的理想建構與二人相配的氣質又是否吻合？這些都是九柱圖性格類型可以提供參考的地方。

不管如何，人間世相，有苦有甜，有憧憬，有失望，尤其在步伐急促、經濟衰落、充滿壓力的香港，決意去愛一個人，便要準備妥善，好有力量去貫徹地承擔自己和對方的起落安危、終身幸福。

誰敢說懂得愛，有能力愛？

真正的情聖，要懂得謙卑低頭，去仰望愛的源頭，支取愛的力量。

3.7 愛情是一場冒險

愛情是什麼？

愛情是一次冒險的發掘，發掘到人生使人詫異的濃烈、豐盛、清甜、色彩、盼望、滿足和溫暖。

因為每一個人與另一個人相遇，就尋獲自己失掉了的寶貝。

同時，愛情也是一場冒險的碰撞，在碰撞中觸痛自己的忌諱、焦慮、煩憂，照見自己的欠缺、錯失和醜陋，一次又一次的挫折和失望，一番又一番的頹喪與折磨。

因為每一個人與另一個人相遇，就惶恐失掉了自己，神經質地封閉、自衞，盲目地抵抗。

愛情是爭奪的，也是慷慨的；是汲取的，也是奔流的。

有些人信心軟弱，不敢汲取，死穴是不敢相信有其他人真的會重視自己。

有些人安全感不足，愛得黏纏而霸道，需索不休，不敢「放手」，死穴是貪婪，懼怕失落。

人需要一種來去自如的安詳，一份不求什麼的滿足；同時需要一份敢於求取的摯情、信念和執著。

老莊、道家思想給我們無慾無求的豁達，同時也給了我們逃避人生的假象。

孔孟、儒家給我們行善的蹊徑，卻沒有給我們行善的力量，於是也給了我們偽善和錯誤的焦點。

唯有基督如水，柔而剛；
如石，堅定而亙古；
如天，深邃而透徹；
如海，威嚴、神秘，有無盡的寶藏。

主基督，不是教條，不是清規戒律，而是活潑的生命，可以活現在你我身上。

註：

1 撮譯自Kaslow, F. W., & Hammerschmidt H.(1992). Long-term 'good' marriages: The seemingly essential ingredients. In B. J. Brothers (Ed.), *Couple therapy, multiple perspectives*. N.Y.: Haworth Press.

第四章

婚姻、同居、擇偶：進出關係的分界線

人在親密關係的發展上有許多抉擇的關口，

每一回抉擇都在測試每個人內心的終極關懷，

引向下一段的路，

到底是光明平坦抑或黑暗崎嶇。

4.1　自由何價

在充滿擠壓、奴役、束縛和囚籠經驗的現代社會，幾乎所有人都渴望自由，渴望做一隻展翅飛翔的小鳥，在廣闊碧藍的天空翱翔，無拘無束，無憂無慮，舒展自己的夢想。磨人的是，渴望自由卻要付上自由的必然代價。

在親密關係的道路上，自由是每個人所渴望的，卻又正正是我們所惶惑恐懼的。自由背後，充滿後果和代價。

為何自由未能帶給人百分之百的任意妄為，卻又同時帶來責任的懊惱？

阿傑常常後悔與同居的女友結婚。他幾乎認為他是沒有選擇的，因為當時他的女朋友很想懷一個小孩，很想正式組織一個家庭，於是他們就結婚了。婚後數年，小孩子剝奪了許多生活空間，於是阿傑想，也許他不應該結婚，也許他應該堅持不要孩子。人回想的時候，很容易後悔自己曾經作出的抉擇，然後為了安撫自己的心理矛盾，我們就覺得自己的決定是別人逼出來的，不是自願的。

然而，當我關切地問阿傑：「既然當時你不願意結婚，是什麼令你最後仍然決定結婚呢？」阿傑說：「因為我不想令小薇（太太）失望。況且她一向都渴望做媽媽，當時我想不到現時這些後果，只想成全她。」

「於是乎，其中一個你不想結婚，不想承擔結婚可能帶來的種種責任；但另一個你又想愛護小薇，希望成全她的願望，是嗎？」我問。

「是的。還有，我不想彼此衝突，也不想把事情弄得太僵。」

「那麼說，當你順應你內心的良善心腸，不想愛人失望，希望成全她，又順從自己和平的願望，而決定結婚，卻未想到是否甘心情願負起婚姻的代價？」

「其實不結婚，也未必不會遇上今天的困難。可能只因為我太渴望有自由，不想承擔太多責任罷了。」

阿傑到底是一個良心敏鋭的人，他逐漸領悟自己其實是想逃避責任。他的反省真實而透徹。

現代人愛自由，卻不愛自由所隱含的後果和責任。現代人怕寂寞，卻又害怕結伴同行人生旅程帶來必然的付出和委身。人為了保護自己的利益，不肯付出太多，同時又不能看破紅塵，修練獨身。所以，在關係中進進出出，離離合合，尋找一個只為自己生存的人物，去滿足自己脆弱而寂寞的心，卻又發現這個單為自己而活的人並不存在，於是掉入兩難之窘。

《壹週刊》在 1999 年初做了一個專題：「男歡女愛四大新趨勢」，訪問了多位癡男怨女，發現現今香港社會在男女關係的形態上有四種趨勢：

（1）愛上有婦之夫

（2）同居一族

（3）沒情愛為樓結婚

（4）雜交少年[註1]

「四種趨勢，有一條理路可以貫串：只求目下片刻的歡愉，不相信有一生一世的情愛，重感受，怕承諾，大家都在騎牛搵馬。」[註2]《壹週刊》記者把各種男歡女愛底層的心態，一語道破。

描繪了幾個情海故事之後，記者在後記誠實地記下她的感受：「聽了百多個今時今日的愛情故事，發現現代人人際疏離，怕付出，對愛情有保留，怕自己受傷害。人人都標榜愛情至上，但又怕一生一世的承諾。」[註3]幾句概括的歎喟，寫盡了現代香港人追求愛情，卻又不敢或不肯付出的矛盾心理。

為何人必然要為自由付出代價？在人與物之間，人的自由並沒有太大的困難，凡死物均由人操控。今天，我們有自由喜歡 Hello Kitty，明天可以喜歡 Snoopy，這不傷死物的感情；但人與人之間利害得失、情感的損益，無可避免地互相牽引。人與人之間的親密關係與自我價值緊扣在一起。接納或離棄，可以直接損害一個人的自尊和信任，如利刃穿心。

封建社會，人的心靈被社會建制所壓縮，被人道主義者大肆批評。幾經奮鬥掙扎，爭取了幾千年，終於爭取到人與人之間自由戀愛，自由結合。殊不知自由戀愛，就意味着一個篩選的歷程，篩選本身就是一種殘忍。若年輕人不懂得尊重別人的生命，輕率地結伴，又輕率地離棄，自由戀愛，便變成自由亂愛。多少人在愛情路上，天真地全情投入，卻遭遇被拋棄的經驗，終致久久無法重拾自尊和對人的信任。

站在基督教的信仰基礎，每個人的生命都是獨特而寶貴的。在這樣的基礎上，我們必須嚴肅地思考抉擇及進出親密關係的心靈意義。

4.2 自由的逃兵

有一件稀奇的事：處於封建社會，人的自由被壓制，相戀情人卻山盟海誓，愛情故事顯得轟轟烈烈；現代社會，人類爭取了自由，得以自由戀愛，愛情故事卻反過來變得自私平庸而蒼白，好像有點兒不稀罕！這些社會發展的現象，在人倫關係上，到底給我們什麼啟示？

現代社會，態度開放，對於離婚人士的歧見已日漸減弱；然而破壞家庭，主動拋妻棄子，或者結識婚外戀人，出賣配偶的信任，這種種行為仍是遭受社會人士搖頭責備的。

年輕人戀愛，與伴侶分手，離離合合，是常有的事。為何戀人分手，縱使傷痛，社會人士仍比較容易接受；而在婚約裏的夫妻，申請離婚，卻較易受人非議？倘若離婚事由涉及虐待、不忠的情況，更容易引來社會譴責，這是什麼緣故呢？

現代人比較着重個人自主，以及個人的私隱。事實上，家家有本難念的經，又如何去定奪誰對誰錯呢？許多人對離婚者保持個人私隱的尊重，寧願採取緘默，抱定「不予置評」（no comment）的宗旨。所以，社會譴責一般牽涉倫理道德層次的考慮。

倫理道德層次的考慮有兩個入手點，一是追究事件的成因；一是觀察事情的後果。在家庭倫理事件中，比較難客觀而絕對地為關係互動上的成因對錯下定論；但就家庭關係破裂的後果觀察，很明顯，離婚帶來一方或多方、一代甚至多代的深切創傷，這是倫理道德層次的思考範疇。

現代人迴避沉重，就會撇開倫理道德層次的思考，本末倒置地反問：「為何要建一道閘門，稱之為婚姻，然後豎起那麼沉重的關卡，不許人輕易分離？就是因為這麼沉重，才招致所謂離婚的結果！」

怪不得弗洛姆（Erich Fromm）用了整本著作《逃避自由》（*Escape from Freedom*），去探索人如何在矛盾中逃避自由的後果和代價。人類在極度自由中，最大的美善和最大的醜惡就在其中凸顯出來了；人類健康或殘缺的心理也一樣表露無遺。怪不得傳統愛護子女的父母，也萬二分緊張子女如何踏上戀愛之路，那的確是一條可以遇見豺狼、天使或凡夫俗子的路途，對人生影響深遠。

我在第二章也曾詳細闡釋愛的出發點：是憑自我需要去尋找愛的滿足，抑或自內心溢滿愛的湧流？沒有充分自愛，不懂得養育自己愛的泉源者，切勿找任何一個「他人」去成為撫摸自己心靈的安慰品。因為從自我需要出發的人，只是愛上一份被愛的感覺，而不是去愛一個有血有肉、有優點有缺點、有剛強有軟弱、與自己迥異的一個真實的人。

從這個角度看，婚約也可看為一個人為的制度或儀式，用以對人性運用自由作出監管，並對雙方作出提醒及保障。

一般人贊成婚姻制度，大部分出於兩種聲音。一是基於宗教信仰的考慮，認為上帝所撮合的，人不能分開；另一類聲音是出於生活利益和保障的考慮，認為一個人把自己的生命委託給另一個人，犧牲了自己的發展和個人利益，或多或少也是為了建立家庭，從而帶來保障。在男權主導的社會，女性尤其不獲得保障，婚約便在社會法律上界定了簽約者的地位權益。

我們暫且撇除宗教信仰和實際利益得失不談，單由人類自由擇偶的高尚理想去思想，也可以給我們窺見婚姻制度的一些端倪。

我們每個人自由擇偶，每個人的喜好品味、心理需要，都是廣闊無窮而又多變化的；今天喜歡甲，明天可以喜歡乙，這樣子可以一輩子選擇下去，卻也無法了解自己最愛的是誰。從選擇的一方來看，他不過是忠於自己的理想和情感需要，可是幾番情海波濤，總也叫人心境蒼老，意念迷糊；然而從被選擇的一方來看，他若純真而又信任地投入了感情，便絕對不情願被捨棄和被篩選。於是，一個人選擇的自由有可能侵犯了另一個人不被傷害的自由，兩個平等的人「自由」的需要於是互相衝突。自由若單單從自己個人需要出發，這個世界將會變得濫情而殘酷；若單單從對方的需要出發，自由顯得昂貴而沉重。誰人心底願意為了自己的自由而犧牲別人的幸福？為了伸張自己的自由而終於侵犯他人的自由，這豈不是一場荒謬？反觀亦然。

若實踐自由者沒有對他人把持一份基本的關愛和同情，這份自由將會演變成血腥和恐怖。原來自由本身並非絕對的，而是需要在另一更高的價值系統的觀照底下，才能顯出絕對的正面意義。簡單來說，在愛中實踐自由，自由才會顯得可貴。

4.3 抉擇的心靈意義

這樣看來，自由既然屬於人類心靈高貴的理想，自然涉及心靈的向度。

瑩瑩與志聰同居一段時間後，決定結婚了。婚後五年，二人累積了許多相處的誤解和不協調的苦澀。我問瑩瑩，當初是怎麼樣決定同居的？她說二人性情相投，喜歡對方，為了方便見面，於是想一起住下來，但又不肯定雙方能否長期合拍，於是同居。

「那麼說，是不是心裏有個準備，若在同居的體驗中，彼此不愉快、合不來，就可以分手？」

「也可以這麼說。」

「那麼，後來又怎麼決定結婚？」

「同居兩年，生活過得不錯，我又想懷個孩子，想孩子正式有一個家，於是結婚。」

「嗯，那麼，結婚的時候，你有什麼想法？是否仍然是彼此若不愉快、合不來，就可以分手嗎？」

瑩瑩一下子沉靜下來，隔了一會才説：「在我來説，既然結婚，就希望不會分開，有種希望一生一世的想法；但他是不是也這麼想，我卻不太清楚。」

即使人類在猶豫中不斷把關係的選擇權推延，心靈上總渴求找一個可以互相託付的人，定一個決意的時空，説明從此以後，彼此以對方為最重要的一個人，不作他想。委身不在乎一紙婚書，而在乎心靈上認定了一個人和願意為對方交付一生的決意，是一份為了愛而甘心自限的決意。婚姻典禮就成為一個儀式，見證這一份決意。對於信徒來説，婚禮更是在上帝面前許下盟約。為了珍惜對方寶貴的人生，我們願意在生命的一個定點上，自願結束自己繼續擇偶的權利，自我監管，押上了一生。這個甘心自限本身，就體現着一份愛，也就是委身的基本意義。

倘若有些人不願意為任何人付上一生，也不願意停止自己的選擇權，永遠站在「合則來，不合則去」的位置，他就要有一份誠實去省察自己，並且清楚將立場告訴對方，讓任何人與他投入親密關係之前，知道與他的關係只有今天，也許沒有明天，讓對方有充足的認識去作出選擇，是否願意為這曇花一現的感覺付上真摯的感情。那麼，縱然未懂得愛的真諦，也至少保有尊重對方的誠意，即使累己也不要累人。

很可惜，很多年輕人，甚至成年人，活了十幾到幾十年，對自己心底的思想動機仍是欠缺反省，一無所知。所謂聽憑自己的感覺，只是聽憑自己原始動物性的衝動，有如初生嬰兒肚餓就要吃奶，飲飽就會撒尿般，胡亂地把別人的青春感情當為滿足自己飢渴的奶瓶，尤其現代商業社會更潛移默化地把人作為工具和手段看待。倘若說人間有什麼是最嚴重的罪行的話，那就是把另一個有生命、有尊嚴、活生生的人看為死物，任讓我們舞弄和丟棄。

當然，二人關係很多時牽涉雙方的互動和無知，在個別情況上很難簡單地作出判斷，也不宜輕率指摘；但在哲學反省和人格自我要求上，我們必須持守嚴謹的反省，否則親密關係會成為人間最危險的領域，種種倫常悲劇，仍然會有增無減地上演下去。

一個誠懇的人也許會問：人在進出親密關係當中，有沒有一些屬乎心靈的指引？

有位女士發現丈夫有婚外情，而且屢次欺騙和隱瞞她。她深感矛盾掙扎，是否要與丈夫離婚？

在離婚的抉擇之中，她聽見許多人不同的迴響。她的兄弟姊妹和朋友都說：「你怎可以縱容他？離開他，重建新生吧！你這麼年輕漂亮，怕沒有另一個人喜歡嗎？」教會和上一輩的人又勸勉她說：「不好輕易離婚，離離合合的，不是兒戲。儘量找出問題的根源去改善，原諒他吧。」這位女士在兩邊擺動，有時覺得原諒等同縱容，十分愚蠢；有時又十分珍惜這近十年的婚姻關係，不願輕易捨棄。

抉擇的心靈情操

四方八面的聲音，和自己內裏各種聲音交戰，在人生的抉擇中，是常見的事。生命的抉擇，殊不簡單，都是一場冒險，由此人生的種種抉擇更顯出人的心靈情操。面臨抉擇，如何是好？我想嘗試分享，我多年來對於抉擇的心靈情操的一些反思。

人類抉擇的考慮常常基於兩個系統，一個是來自外界 / 外在的認同（external approval）；另一個是來自自己內在的允准（internal approval）。因為抉擇往往帶來嚴重的後果，我們經常援引外界的肯定，去確認自己的考慮有沒有錯誤。而且有時候，人害怕承擔後果，也援引外界的肯定：一旦選擇錯誤，我們可以歸究他人誤導自己作錯了選擇，減輕自己心理上的責任和悔意。相反，有些人未能建立一套整全的人生價值觀，單憑原始的喜好衝動做人。這些人會刻意抵抗外界的聲音，用反叛精神去確立自己的選擇，人家說「東」，他偏要說「西」；人家說「否」，他偏要說「是」。這不是出於心靈的主體，而是一連串為反叛而對立的反動行為，都是由於未曾建立負責任的心靈主體的現象。

也許，我可以用簡單的圖表去表明一個人的抉擇掙扎過程：

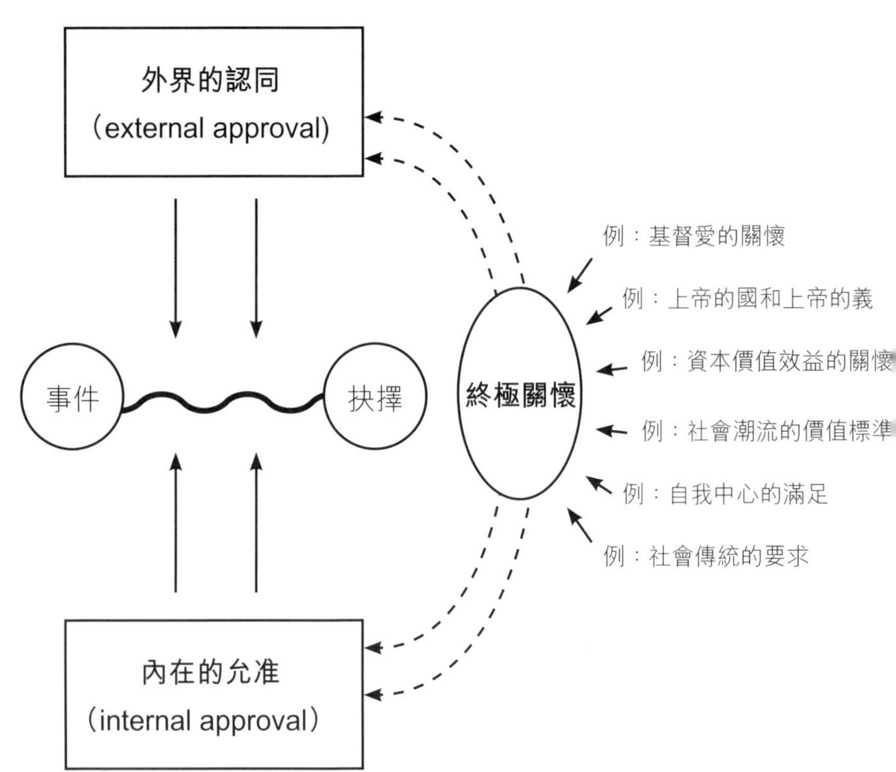
外界的認同
(external approval)
事件
抉擇
內在的允准
(internal approval)
終極關懷
例：基督愛的關懷
例：上帝的國和上帝的義
例：資本價值效益的關懷
例：社會潮流的價值標準
例：自我中心的滿足
例：社會傳統的要求

舉例一：職業的抉擇

一個人掙扎是否選擇做醫生。

外界的聲音：

甲：醫生地位高、薪優、待遇好、前途穩定。

乙：做醫生好辛苦、投資時間長。

丙：你的個性膽小怕事，不適合做醫生。資質高才能做醫生。

內在的聲音：

A：你說我做不到醫生，我偏要做醫生。

B：為人治病，濟世為懷，尤其社會上肯為窮人治病的良醫不多，我要克服困難去習醫。

C：我也不知自己是否適合做醫生，但做醫生前途穩定，名譽地位好，何樂而不為？

D：做醫生是一門很有貢獻的職業，但我天生藝術性格，既怕血又敏感，我要另尋貢獻之路。

結果，A、B、C 也選擇做醫生，D 另闢蹊徑。在選擇的自由上，四個抉擇都實踐了自由，而在抉擇的行為素質和心靈素質上，B、D 素質較高，C 素質平庸，A 則未能建立獨立的自我價值感，盲目反動。

單從抉擇的行為看，B 和 D 抉擇的行動是相反的，卻具相同的心靈素質。為什麼呢？他們的內在聲音說明了他們有的是一項較為超越自我、關愛人羣的終極關懷。相反，A、B、C 抉擇的行為結果一樣，甚或最後也能成為醫生，但不代表他們的抉擇帶給他們生命相同的影響和光輝。

今時今日，我們衡量抉擇的對錯，很大程度受資本主義社會價值觀影響，做對了抉擇等於帶給自己很多益處（benefits）和效益（cost-effectiveness），於是乎，在考慮實際效益的角度下，B、C、D 都做對了抉擇，A 也許做錯了抉擇，但假使 B 因某些際遇不能成功完成學位，那麼他就等於做錯了抉擇，浪費了時間、青春和投資。一個心靈素質高尚的抉擇，變成被社會大眾取笑的錯誤。這種現象，顯示了社會強勢的意識形態，專橫地欺壓個別人內心高尚的終極關懷。

從兩種不同的終極關懷出發，在是非判斷上，有重疊的地方，也有相異之處。故此，在現代社會，一個人若一時間欠缺省察，很容易感到迷惘，或胡亂地以各種藉口去合理化自己的行為。

同理，用以上的思考系統，衡量一個人如何抉擇進出關係，也許能給我們一點啟示。

舉例二：戀愛的抉擇

外界的聲音：

甲：你們中學時便開始拍拖，順其自然，合了吧。

乙：你們學歷志趣不同，離了吧。

丙：人家是「好女仔」，別辜負人，合了吧。

丁：你們一起祈禱的，一定符合上帝的旨意，合了吧。

內在的聲音：

A： 我們常常合不來，內心很痛苦，很多遷就，我想分手。

B： 別人説合，我偏要離，從來父母什麼都要管我，今次我要為自己作一次主。

C： 雖然我不能説自己很愛他，但他對我十分體貼，千依百順，又恐怕未必能再找到更合適的對象，又不想傷害人，一邊拍拖一邊再物色對象吧。

D： 我內心很痛苦，我不願意傷害對方，不敢分手，合了吧。

內在千百種聲音，雖説唯有當事人最清楚自己的想法，然而亦有太多人欠缺反省能力，很少聆聽自己內在的聲音，不能省察自己的行為動機。於是借用社會準則，或教會規條、父母主張，作自己行為的「擋箭牌」；實在未能孕育出一個成熟、能承擔責任的心靈，更未能將自己的光明或黑暗的心意去與終極關懷對照，省察抉擇的心靈意義，難怪十段愛情有八段在關係上觸礁。

在戀愛、同居、婚姻的終極關懷上，高尚的心靈向度，大抵可以以下列指標作參考：

（1）這個抉擇是否能孕育自愛，使自己更真誠、愉快、健康地成長？

（2）這個抉擇是否能造就對方的幸福，使對方能更真誠、愉快、健康地成長？

（3）這個抉擇能否造就我們的關係和各自人生意義的高度和深度？即我們的離或合是否能減輕別人、家庭、親友的痛苦，建立人間的愛和信任，更能推展關係的力量，拓展上帝的國和上帝的義？

這三個指標彼此牽連，但（1）和（2）是最基本的，達致了（1）和（2），（3）就是更高度的意義考慮。

4.4 抉擇與終極關懷

人生的抉擇，很多時候可以改寫一個人的歷史。一個人的抉擇往往映照出一個人人格的黯淡、醜陋或光輝，我從十多年輔導經驗中發現：觀其決策知其人（The decision defines the person）。人在親密關係的發展上有許多抉擇的關口，每一回抉擇都在測試每個人內心的終極關懷，引向下一段的路，到底是光明平坦抑或黑暗崎嶇。

在二人親密關係的發展中，有許多回進出關係的抉擇，例如：

- 他不斷追求我，對我溫柔體貼；我內心不太喜歡他，卻亦不太反感。我是否會選擇接納他的追求，開展這段關係？
- 大家相戀到一個階段，出現許多衝突，我要選擇繼續這段關係，還是要離開這個關係？
- 在相戀時，無意中遇上另一個人，產生感情。我是否告訴自己，感情是無可選擇的，要來的時候誰也擋不了，於是暗中維持兩段關係，選擇最能滿足自己的人？抑或不為自己製造任何藉口，也不製造「後備」，一段關係處理完畢才開始另一段？
- 如何選擇要不要結婚？
- 如何選擇什麼時候才結婚或不結婚？

許多人喜歡陶醉於愛情的滋味，卻不願面對選擇的煩惱，於是把每一個選擇的環節交給脾氣、情緒、機緣際遇，甚至命運安排。

上文提及《壹週刊》的訪問中，一位同居一族這樣說：「同居也很自然，因為兩個人約會，夜咗，你送佢返屋企，送完已無氣力返自己屋企……慢慢，一星期有幾日留低……你會諗，不如慳番啲租錢，索性搬去佢屋企。」(註 4)

這位同居者把選擇權交給環境和遭遇。事實上，他內裏也作了選擇 —— 是為了便利和節省金錢而選擇同居。假若某一天，際遇轉變，環境變遷，同居比分離更不方便，更花金錢，他是否就要選擇分離？

「我同居，因為我唔鍾意約束……唔需要養家。鍾意，可以畀錢佢使。唔鍾意，各有各使……你亦唔需要同佢承諾啲乜嘢……」

「做自己鍾意做的事」就是一些人對選擇結婚、同居與否的終極關懷。

難怪記者追問結婚的抉擇時，受訪者忽然把這抉擇推卸給飄渺的「緣分」和「感動」了：「結，緣分到，有感動一定結。」

這位三十八歲的同居者，並不是什麼特殊人物，他可能只是簡單直接地代表了一大羣青年人取捨關係的典型。難怪，我曾為一間教會籌辦一個戀愛營，許多剛剛大專畢業、工作兩三年的青年人對愛情和男女關係都具有戒心。

一個人在作出抉擇時，照顧自己的喜好和需要，是一些基本考慮；但若然自我喜悅和自我需要成為進出關係的重要考慮，這個男歡女愛的場所就會變成今天歡笑、明天流淚的動物園。

4.5 進入關係的錯誤起點

在婚姻輔導的經驗中，許多夫婦劍拔弩張，或者貌合神離，在情感上總是無法產生投契。追溯原委，有些人說一開始拍拖已經是充滿矛盾，或者戀愛不久便已無法感到心靈滿足，只不過憑許多遷就去維繫關係。仔細觀察起來，許多情侶相識的起點，並非由於被對方所吸引，而是被許多盲目衝動所驅策，我們實在很需要仔細省察這些進入關係的起點。

逃避寂寞

「冷漠」是現代都市的代名詞，世界大戰後，社會開始繁榮，人情卻冷淡起來。六十年代，Simon and Garfunkel 所創作的 *Sound of Silence*，至今仍然是膾炙人口的名曲。古代大家庭四合院，的確暗藏許多是非怨恨；現代小家庭，一梯兩伙，贏取了許多空間，卻帶來驅散不掉的寂寞疏離。

許多情侶開始談戀愛，是為了驅除寂寞，逃避沒有人重視和不被愛護的感覺。人成長而敏感到孤身的寂寞，追求愛侶，是十分自然的成長階段。可是，若然談戀愛主要是為了解除寂寞，將會造成許多失望的怨偶。為了逃避寂寞而談戀愛的人，排他性、妒忌心、佔有慾都特別強烈，因為生命的基點依存在那唯一可依附的關係上，一旦關係決裂，就會反應劇烈，動搖整個生存的意義，爆發激烈行為，如自殺、報復、同歸於盡。

故此，進入戀愛關係之前，可以先對對方作以下的一個重要的觀察：若然對方除了你以外，不能與任何人建立良好關係，與家人關係惡劣疏離，又沒有什麼知己好友，這是一個危險信號，你必須三思才決定是否與這個人開始談戀愛。在未開展戀愛關係之先，作為朋友最大的愛心，是首先把他帶入健康活潑的社羣圈子，看他能否逐漸投入社羣，才作戀愛之想。

由憐生愛

另一類情侶相戀常見的現象，是開始關係的時候，主要基於憐憫同情。素芳有感於文輝鬱鬱寡歡，相識起來，發現文輝自幼多病，常常受家人奚落、捱打，於是動了憐憫之心，跟他開始戀愛。起初他們如膠似漆，文輝初嘗人間溫暖，素芳亦感到自己發揮出人間的美善；但婚後數年，素芳在工作上、自我上有很多轉變，開始厭煩於終日提携、鼓勵、帶領一個心靈脆弱的男子。文輝一如往昔的仍然溫馴膽怯，不曉得生命中的恩人怎麼搖身一變，變成一個諸多挑剔的惡女子？

由憐生愛是很自然的情感軌迹，然而，在患難、疾病、失意、壓迫困窘中被憐憫感召而接近的情侶，後來又未能建立多方面對等和彼此欣賞的關係，情感關係是脆弱的，容易招來終身抱怨。這是另一個危險的信號。

尋找取代品

與由憐生愛的起點類同，有些人開始熱戀，是意識到生命的欠缺而開展關係的。最常見的例子便是遭遇失意的青年人，在苦痛中尋求傾訴，結果愛上那位同情他、聆聽他的傾訴對象。相依理論帶給我們一項重要的啟示：人與人建立親密關係大約兩年左右，便產生一種彼此需要的相互依存感。年日愈久，依存感愈牢固。一旦拆解，便會出現念念不忘，要討回那位依戀者的感覺，所謂「想起綠羅裙，處處憐芳草」，滿腦子都是伊人的笑貌神態，滿街滿角都在尋找伊人的影像。（一般正常心理現象中，依戀失落感要兩三年以上，才能健康地平復。）在依戀失落的傷痛未曾完全平復之前，任何人的出現都在所難免地沾上舊伊人的影像。哀痛的當事人，心靈裏仍然想念着那位舊伊人，基本上沒有心靈空間去認識、接納另一個獨特而不同的人。

在失戀哀痛期，最明智是不隨便建立另一段親密關係。要是情緣已種，而彼此關懷吸引，就必須尋求協助，送走哀傷，用超過兩三年甚或較長的時間，與新戀人多方接觸，洗刷新舊戀人重疊的迷糊，認識獨特的對方，重新戀愛，避免對方成為慰藉心靈的取代品。

用關係去肯定自我

有些人不斷談戀愛，不斷結識異性，屢次進出關係，只為尋求肯定自我是有價值的，肯定自己在別人的心目中佔有一個重要的位置。

筱雯有一位很棒的父親，年紀輕輕就往外國留學，而且多次獲取優秀青年獎。筱雯自小崇拜父親，可是自幼在父親嚴格的要求下，表現往往未能符合父親嚴格的標準。所以，筱雯縱然在學校讀書成績優異，彈得一手好琴，長得標緻可人，內心仍然很空虛，好像有些什麼總是無法填滿似的。她對人一忽兒熱情燙貼，一忽兒又冷若冰霜。

自中學時期開始，已經有一大羣追求她的男士，她總是瞧不上眼。輾轉三十出頭，她仍未有一個穩定的戀愛對象。她總是愛上聰明自負的成熟男士；可是情到濃時，她又忽然沮喪落寞，悄然離去，一段關係接一段關係，總沒有一個落腳的地方。偶然在一個成長坊，筱雯發現了原來自己從來不能夠肯定自己的價值，在重重關係中進進出出，只為肯定自己。

人缺乏內在的安全感，不能肯定自己，的確是最深切的悲傷。

只是，用關係去肯定自己，只有帶來更大的空虛和迷惘。

4.6 進入關係的神學意義

以下，請容許我用神學反省角度去看二人親密關係。因為物慾的盡頭是道德倫理，道德倫理的盡頭就是人的始源和創造，逃離這個根本，人類不過是圍着社會現象，兜着圈説夢囈，所以實有必要探索一下神學反省的角度。

人為什麼要結婚 / 結合？何謂彼此相愛？杏林子説得好，「愛」是由「心」和「受」兩個字組合而成，就是用心去接受。愛就是用心去接受另一個人進入自己的生命中。用心去接受就是把對方的優點缺點、強處弱處完全接納，與自己的生命相融。

正如上一章個性之旅所述，人的成長源於一個氣質的動力核心，然後發展出他的特徵。這特徵同時是他的強處，也是他的弱處。一個謹慎的人，失於太認真；一個隨和的人，失於缺乏膽色和氣魄。加上一個人成長的家庭培育，總有他個人性格的幽暗面和缺陷。假設一個人長於富裕之家，豐衣足食，父母知情合理，即使是這樣，人間寵兒也有他的缺陷 —— 他的缺陷就是沒有缺陷，沒有缺陷的人傾向把人生看得理所當然，對他人的困難、匱乏、焦慮，不能理解，失卻深度。故此，任何一個人在任何環境下成長，總有需要自我完善的地方，以致活得更像基督，更趨向人性的美善。二人親密關係的核心價值就是互相激發、帶動、提携，使對方在人生的旅途上，更趨完善，更似基督。這就完成了上帝的國和上帝的義。

《聖經》上說：「你們要先求祂的國和祂的義，這一切都必加給你們。」（太六33，新譯本）這「一切」是什麼？我想也包括了人生的起居飲食、兒女私情。在戀愛中所謂尋求上帝的旨意，並非狹隘地估計，到底甲還是乙是屬於上帝的旨意，因為無論甲、乙、丙都可以是上帝的旨意，也可以不是上帝的旨意，重要的是祈求和抉擇的心態，是否以上帝的國和祂的義為最終極關懷。

什麼是上帝的國，什麼是上帝的義？在愛中互相感染、操練，二人更似基督，二人所教養的兒女更似基督，二人家庭的朋友親屬受感染而更似基督。這樣子，上帝的國就臨在人間了。上帝的國並非浮在虛無飄渺的星河天際，而存在於一羣愛上帝、敬上帝、似上帝的人羣中，上帝的國就在那裏，上帝的義也就彰顯出來了。

從這個思想去理解，每一個人都是上帝的兒女，極其尊貴，我們或離或合，都要以建立對方的生命變得更似基督為目標，自己也因而更披戴基督的恩寵。相戀到委身，直到婚姻的聖壇前，就是一樁盟誓，說明了自己肯拍拍胸膛，甘願不論疾苦哀愁、千般變遷、環境順逆，從天父的手中接過這個兒子或女兒，答應天父要照顧他一生，提攜他一生，使他更趨美麗。

這是何等隆重的承諾！

這是何等超乎人間能力的承諾！

所以渺小的凡人必須來到上帝的壇前求恩寵，藉着上帝的恩典，落實承諾自我監管，自我砥礪，終生不離不棄，奉獻一場馨香的活祭。

這個意義，就是婚姻的重大意義，也是現代社會不斷追求關係素質和感情素質的底層意義。

這樣説來，愛就是謙遜地學習完完全全的接納對方，在接納中不斷發掘彼此的美麗，包容彼此的軟弱，光照彼此的幽暗，在掙扎中互相琢磨、醫治、成長，這就是愛。

4.7 成熟的愛

誰人有能力去愛？

唯有一個懂得獨處的人，才有能力去與人建立親密關係；唯有一個懂得自愛的人，才有能力去愛。

一個成熟的人，就是有能力與自己親密，懂得與自己相處，聆聽自己內心的渴求，反省自己的慾念，刷拭自己的良知，獲取內在的靈明透徹、自在安全，這樣的人才懂得愛。

唯有一個成熟的人，才可以在別人不美麗的地方看見美麗，在別人的殘缺上流露讚賞及寬容，以忍耐去建立，以正直去鞭策，以誠實作迴響，在磨煉中、在鼓舞中、在溫柔良善中湧流出愛。

愛的力量，很大。

不成熟的愛使人墮落；成熟的愛叫人成長。

西方重視個人及親密關係，一直在許多鑽研及理論中，探討親密關係的流動和愛的關係層次。

愛侶親密的感情關係可分五個層次：

(1) 衝突層次（conflict level）

(2) 適應層次（coping level）

(3) 合作默契層次（co-operation level）

(4) 相得益彰層次（synergy level）

(5) 心靈伴侶層次（soul-mate level）

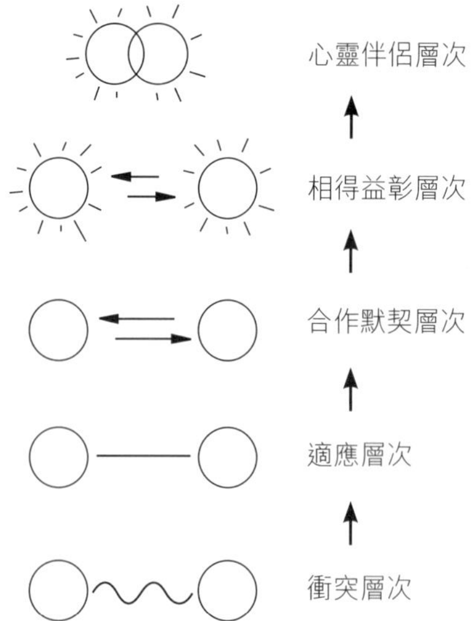

從動感和交互成長的角度看，這五個層次不斷反復循環，邁向成長。如下圖：

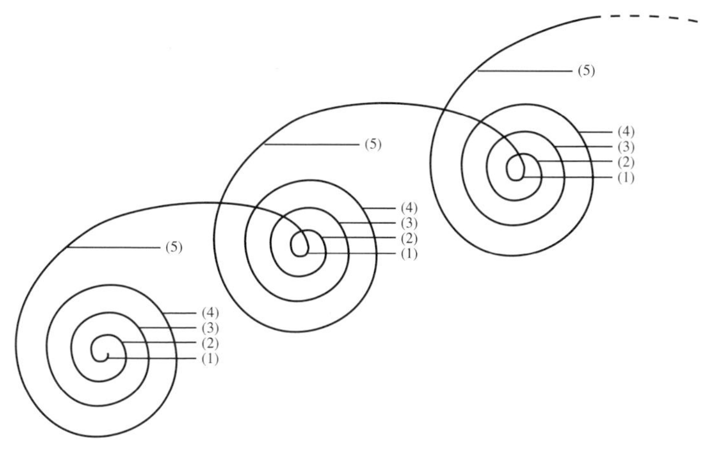

二人經過神秘的摸索和浪漫的幻想，逐漸進入彼此真正認識的階段。認識以後，就會因彼此的相異而產生衝突。衝突表現的形式，不一定是爭吵，可能是耿耿於懷、張力、冷戰或迴避。

若一段關係經常停留在衝突層次，絕少能產生和諧默契和相得益彰的經驗，更談不上心靈的了解和觸動，那麼，相戀的人必須認真冷靜下來檢討一下，二人是否適合對方？無論二人有多少認真投入和良好願望，也未必能帶動彼此生命成長。

也不是每個人都要達到心靈契合的層次才可以結合，全在乎二人的愛情觀，和把愛情放在自己生命中的優次。

對於重視實際生活和實效的人來説，能達到適應層次和合作層次，已經足夠帶來生活穩定和婚姻的滿足感，但對於非常重視感情關係，把感情關係的理想和優先次序定得很高的人，就渴望達到相得益彰的層次和心靈契合的層次，才感到滿足。所以，墮入愛河的人必須檢討雙方的渴望和需求，了解雙方的人生價值取向，以免帶來不必要的悲傷。

有三種情況，容易產生關係上的失望和創傷，必須要留心：

(1) 一方內心追求小康之家、實際生活，以求內心滿足，安分安穩，情侶關係達到第二、第三層次已經十分滿足。戀愛時為求贏取伴侶的心，於是細心細意，製造浪漫；結婚後再沒有心靈接觸的渴望。而另一方內心追求心靈契合，於是婚後產生許多張力和失望。

(2) 二人欠缺自我意識和自省能力，相戀時間不足，婚後其中一方不斷成長，對關係和感情渴求理想不斷提高，另一方則停滯不前，形成張力和失望。

(3) 二人要求的層次相若，但沒有清楚的溝通，其中一方受外界或第三者刺激，忽然發現親密關係可以提升到更高境界，因而見異思遷。婚前發生這場頓悟，尚可以分手；婚後發生，就形成一方在婚約中被拋棄的悲劇。

成熟的愛經歷許多摩擦和考驗，才能達致心靈契合，但使人成長和心靈滿足，並不是愛的全部意義。成熟的愛，使人間溫暖；我想愛情的一個重要的神學意義，是藉着二人相愛，見證上帝本身就是愛，並且在恢復健康人性的自然流露中，在人間散播溫暖，這是愛情在人間處境和歷史中的意義。

4.8 愛在個人羣體間

西方思想這百多年來走了偏差的路，側重個人發展，而漠視羣體人倫關係的親切溫暖，有時有意無意地把個人需要和羣體需要互相對壘，過分強調彼此的對立，卻忘記了人活在羣體中。每一個人的個性，塑造羣體的個性；個人的情，感染羣體的情；羣體的愛承托個人，維護個人；人與人之間的溫情連繫，是人生而為人的一個本來理想的狀況。

寶雲（Murray Bowen）、克萊恩（Melanie Klein）和艾力遜（Erikson）後期的理論，都隱含一個指示：個人與羣體的連繫。寶雲的家庭理論建構了一個重要概念：Differentiation，我把它翻譯為：「獨立自主，以情相繫」，說明一個理想人格在縱切面來說能獨立自主，在橫切面來說，能與人羣真誠連繫。

中國文化偏重羣體而忽視個人，幾百年來，為了抵抗封建社會的欺壓，一個反動，卻把愛情和感情全部等同二人世界，化成情侶私奔、天涯海角的激情願望，彷彿羣體與愛情為敵，個人幸福必須要掙脫社會責任的束縛。再加上接受西方思想偏差的薰陶，進一步把個人與羣體對立，把愛情局限在自我追求的小天地中。這個誤差深入骨髓，我們已來到一個要徹底回頭、全面反省的時候，否則糊塗的愛情會帶來更多濫交、任性、不羈，帶來更多父母離異的「孤兒」，一代一代把分離、破裂延展下去。

經歷過人間的情海波濤，就會領悟出愛並不一定是開心的。愛的本質必然帶着痛苦與歡笑、傷害和眼淚。愛也不是輕省的，本質上必然是辛苦的經營，而且屢屢頹喪、屢屢失望。從神學的角度看，每一個人都是尊貴的受造的人。相戀的人，為了答應天父去扶持祂尊貴的兒子或女兒，於是不為什麼地守下去，在人間漫漫長路上，互相扶持，彼此琢磨，逐漸孕育成兩個如獲重生的天使。

為什麼人需要靈修？因為人的內心在渴求和失望中免不了頹喪、氣餒和不安，人的心靈實在需要培育和滋養。為什麼人需要尋求上主？因為人在生命的盡頭和矛盾中需要救贖，要與上主相遇。

愛情的內涵一方面使人體會生命的豐盛多姿，也使人體會頹喪和缺陷，使人屈服，迫使人在生命的盡頭作出選擇：自私放棄抑或無私慷慨，使人至終歸於上主？

現代人急於滿足自己，常常誤會自由快樂唾手可得。在相戀、婚姻中，以為愛得辛苦就不是愛，是束縛，是枷鎖，要分離，這是現代人對「愛」這個字的嚴重貶值和誤解。凡是貴重的東西，代價必然很大，沒有代價就沒有愛。人仍然活在選擇階段的時候，要深切地反問自己，是否願意承擔眼前這個人四五十年？一旦決意盟誓一生（除非發生傷損人性、人格和心靈的事件），就不再以辛苦和困難為念，與他牽手走過人生。

反對婚姻作為一種法律制度、一紙婚書的人，事實上也有他們的洞見。婚姻作為制度和誡律規條，必定衰亡，因為，婚姻是一種生活承擔和生命內涵的選擇。故此，一個人是否選擇結婚並不重要，尊重每一個被創造的生命才是最重要的。甘願進入婚姻的承諾是為了尊重生命；不想選擇婚姻的人，也可以選擇嫁給上主，嫁給貧苦大眾，獻上一生，以獨身的方式在人間散播溫暖，燃燒一場馨香的活祭。

註：

1 《壹週刊》（1999 年 1 月 8 日），頁 78-92。

2 同上，頁 79。

3 同上，頁 92。

4 同上，頁 85。

第五章

相分之痛

戀人分手後若能夠適當處理，

可以化咒詛為祝福，

提升一個人的自我醒覺，痛定思痛，

結成內在修為的果實。

5.1 情難捨

人生有好些很難越過的關口，感情失落是其中一個大難關。常常見到一些朋友，遇到失戀或情感失落，從此一蹶不振，不但有一年半載浸在愁苦落寞之中，有些人甚至從今以後，把自己冰封起來，不敢再用情。

每一個曾經經歷感情失落的人，都了解箇中滋味。人變得癡癡呆呆，搖搖幌幌，彷彿從前、現在、未來，都沒有分別，歷史和歷史所珍惜所執著的，都化為灰燼，曾經真心真意的奉獻，如今全部落空，哪裏還尋得着意義？何處覓得見未來？

為何情感失落給人這麼嚴重的打擊？人的自我元素中，包含了安全感、歸屬感、成就感、意義感、歷史感和親密感。親密感是愛與被愛的感受，渴望與人分享和親密聯繫，這是亙古以來，人類心底的自然渴求。於是，人從歷史中找出自己所有的存在意義，和找出建立未來的基點。人又從感情關係中看見自己的真相，看清楚自己可愛可惡、虛弱堅強的地方。人從關係中定義自己，從無私的愛和接納中肯定自己，從矛盾、抵抗、衝突中照亮自己、挑戰自己、刷新自己，又從體諒和了解中伸展自己。

人與人之間健康的情感關係是人類安全感、歸屬感、成就感、意義感、歷史感、親密感的重要核心支柱。舉例說，任何一樁成就的喜悅，都牽涉嘉獎、鼓舞和認可的人，否則，任何成就都有如一場幻夢，毫無實質。在我的回憶中，有一件深刻的往事。少年時期，我第一次參加公開徵文比賽得獎，滿心歡喜，於是找一個最信任的好朋友，煞有介事地、悄悄地告訴她這件事，豈料，她的反應冷淡，給我很大的衝擊，以後我得任何獎項都低調處理，以免再次回憶那份沮喪和失望。及至成長了，我再次接觸和醫治那不被認同的經驗，才不受這經驗影響。

原來，許多不同形式的親密關係交織成我們的一生，所以，親密關係的打擊也直接擊中人的核心。一個冷笑，一回鄙視的眼神，一番拒絕的話，一份不在乎的冷漠，只要是來自一個親密的人，便足以把對方打進十八層地獄，難再超生。曾經有一位朋友形容多次失意的滋味，感到自己好像一件破爛的衣裳。又有人形容與情侶分離後，自己有如一盆枯乾的盆栽，被扔棄在烈日之下。二人親密關係一旦決裂了，會直接打擊一個人的生存基點，怪不得一個失意的人、離異的人，可以感到萬般沮喪，生無可戀。

習慣迴避的相依形態者，在處理情感失落時，常常採取收藏、否認和自我封鎖的方法，去應付那份相分的沉痛；習慣了焦慮矛盾的相依形態者，會下意識急急地去尋找另一個戀人（替身），好能儘快離開那份空虛的不安和憤怒，可是他愈是盡力，關係愈是緊張。於是，戀人一個接一個決裂分手，悲劇一浪接一浪洶湧襲來。

5.2　分離的心理反應

學者（Adam, Keller & West, 1987: 313）借約翰波比的相依理論，對人類面對分離的心理反應詳加闡析，觀察到嬰兒或幼童在毫無準備下與照顧者長時間分離，會出現下表所列的情緒反應。

幼兒無故長時間與至親分離的階段反應

第一階段	嚎哭抗議
第二階段	沮喪絕望
第三階段	情感抽離（表現麻木、不在乎的樣子）

有時候，成年人不明白這些分離焦慮的心理，以為一個小孩子不再哭泣就是好事。但是，小孩子不再哭泣，是習慣了第三階段的情感抽離，說明了對他內在的安全感產生了很大的傷害。又有些父母為了不忍聽見幼兒淒厲的哭泣，上班或離家出外時，都靜悄悄的離去，幼兒以為至親無故失蹤，內心焦慮惶恐的不安全感覺更加倍增。

協助幼兒適應分離，對於培養小孩子的安全感是非常重要的。分離時最好能夠清楚地道別、清楚地説明離去和回來的時間，初時最好維持較短暫的分離時間，待安全感逐漸增加後才增長分離的時間，即使幼兒仍會嚎哭一會，卻最能幫助幼兒心靈處理人間聚散分離。常常在街上碰見一些家長，因孩子某些行為賭氣，威脅把小童拋棄在街頭，小童老遠的追趕上來，哭個死去活來，對父母苦苦哀求，這是相當殘忍的懲罰方式，直接打擊小孩子成長後對人的信任和安全感，家長要謹慎留心。

研究發現（Ainsworth, 1978; Main & Goldwyn, 1985-94），成年人面對與親愛的人分離，如失戀、分手、喪親，會出現類似的心理階段和情緒反應。（參後頁）

成年人喪失親密關係的心理階段

<table>
<tr><td>第一階段</td><td colspan="2">不斷回想和渴求關係恢復，抗拒分離的現實</td></tr>
<tr><td>第二階段</td><td colspan="2">哀慟和哀悼，浸滿愁苦</td></tr>
<tr><td rowspan="2">第三階段</td><td colspan="2">（兩個發展方向）</td></tr>
<tr><td>過早情感抽離</td><td>飽歷哀傷，自我整合</td></tr>
<tr><td>第四階段</td><td>完不了的哀傷
表現形式：
1. 自我冰封
2. 不能信任新的關係
3. 即使生命充滿活動，仍感到空洞虛浮
4. 不斷投入新的關係、各類型活動，去消磨自己，逃避自己</td><td>接納人間分離的事實
重建意義
↓
重建內在的充實感
↓
重建人倫關係
↓
重建人生方向</td></tr>
</table>

從以上的分離心理圖表，可見與相愛者分離，是漫長的心理整合歷程，有時甚至長達三年五載，內心仍舊隱隱作痛。有些人對失戀哀傷處理不善，對後來的親密關係也蒙上陰影。

心靈的傷痛不同身體的病痛，不能告假，無論一個人在失戀後多麼傷痛，翌日他仍要上班工作，應付大小事務。所以大都市的繁忙生活，以及人際的疏離，常常迫使人提早抽離情感，短期內自我安慰，假裝一切完整無缺，以笑臉迎人；結果造成復原不了的哀慟，成為情感上傷殘的人。

關係決裂，固然傷痛；然而，人間聚散分離，總是免不了的現實，重要的是學習妥善處理。戀人分手後若能夠適當處理，可以化咒詛為祝福，提升一個人的自我醒覺，痛定思痛，結成內在修為的果實。有些人因着失戀的經驗，變得更懂得愛和珍惜，更懂得保護人與人之間的情感。

相反，對分離哀痛處理不善，會使人對自我、對生命和對別人，都失去信心，覺得這個世界十分善變，毫不可靠，有時甚至影響日後建立其他親密關係，因而蒙上陰影。

簡單來説，戀人分手，處理完善，可以帶引人的成長；處理不善，可以引致一個人喪失自信和安全感，對感情不敢再投入和信任。

5.3 親密關係與自我身分

為何戀人分手，可以引致深遠長久的創傷？青少年時期，自我身分尚未確定，站在脫離父母和尋求新的親密關係的中途站，常常會不斷發問：我是誰？我可愛嗎？我可以與別人建立恆久友愛的親密關係嗎？有那麼一個人，常常惦念我、重視我，把我牽掛在心上嗎？有沒有一個人可以在我孤單軟弱時作我伴侶，永不偏離？

這些成長的任務，是西方成長心理學所描述青年人的成長關注，也是普羅大眾愛情故事隱含的重要主題。因此自我和愛情關係扯上了必然關係，幾乎意味着尋不着愛情關係的個別心靈有點殘缺不全，弄得所有年輕人都急不及待、冒冒失失地去談戀愛，證明自我的魅力，累得單身者好不自憐和自卑。

上述是一種沒有明言卻人人都相信的社會信念，可稱之為社會文本（social script）。西方心理學研究的確清楚具體地點出一個人成長階段的重要特徵，可是一旦戀愛成為自我肯定的唯一源頭，就出現了一些毛病。

首先，在傳統的中國傳說和社會典籍中，常歌頌戀愛以外另一些成長中的重要關係，例如朋友關係和恩師關係。不問得失、義無反顧的友情，往往是載人渡過驚濤駭浪的穩妥小舟。啟蒙導師則以其年長的身分，分享自身曾經經歷的人生智慧和閱歷，對後輩加以點撥提携，往往省卻一個無知的青年人走錯太多的冤枉路。

現代社會關係疏離，人們只顧奔走作息，由日出趕到日落，人與人之間只是匆匆一瞥，互不相干。幼稚園的小朋友已經忙於學習超過幼稚園程度的語文、拼音、幼兒小百科；小學的兒童忙於學習普通話、拼音、芭蕾舞、小提琴、游泳、心算、測驗、默書；中學的孩子上完正規學校，又要上補習課程、小領袖課程，趕忙到大學。成人趕到中年，中年趕到老年，一直趕到入墳墓，一生的作業還未止息。還有誰在意去提攜誰、幫助誰呢？網絡資訊發達，現在很多人起牀後，便打開電腦，跟網絡說早晨，看完網上新聞、世界經濟，然後在網絡購物，上班，下班，查閱網絡有沒有新消息、新資訊，三更半夜，與手機同眠，又倉促度過一天。

除非我們對人間的冷暖尚有知覺，對鄰舍、對他人的孩子、對下一代青年尚有愛護之情，對冷冰冰的所謂「增值」、「超值」觀念尚有反思，對資訊競賽的科技世界產生恐懼感，並理智地選擇生活方式，否則科技競爭的怪物，將會把一個一個成年、青年、少年的心靈不見血地吞噬去。

好些人終其一生，未曾經歷過愛的滋味。父母太忙，菲傭有的只是作息程序，和一口不靈光的英語，學校的同學只是競爭的對手，鄰舍只是乘同一部升降機卻沒有話可談的陌路人。沒有一個不講求利益的人，沒有幾個天真、可靠、善良、有空，還有剩餘愛心精力可以分享的「閒人」，於是乎枯乾的心靈一闖情關，便把全副命也賣了，整個自我根基懸垂在情人的一顰一笑、喜怒哀樂之中，自我的肯定和否定完全取決在對方對自己的認同、喜悅和惦念之下。這些孤單飄泊的心靈一旦被愛侶拋棄，或經歷分手，心理的衝突和打擊，可想而知。往往是「生命中只有一個你」、「世間只有你好」的這些孤獨心靈，最容易在愛情觸礁後出現應激的心理狀況，大起大跌，痛不欲生，甚至萌生自殺或同歸於盡的念頭。

5.4 情感失落與怨恨

人們下意識總喜歡把自己看為一個美好的人，尤其對待自己心愛的人，在熱戀中總是無私地付出，全心全意為對方着想，慷慨大方，全情投入，亦下意識暗暗地期望別人感激和欣賞自己。在情感失落的一刻，若對方無故消失、不辭而別，或另有戀人，便感到別人把自己寶貴的愛心和付出視作等閒，那麼忿怒和怨恨便油然而生，甚至激化為敵意和仇恨。

憤怒和怨氣，若然得到適當的抒發、疏導及調整，當事人可以踏上更成熟的一步，發出一種如同葡萄成熟的甜美，重投關係，重建新生。可是，常常令人費解的是，為何有些人一頭愛得熱烈激情，忽然掉過頭來會轉為敵意、攻擊和怨恨？甚至萍動殺機？人性實在醜陋得太可怕了。細心研究後，我想與大家勾畫一段情感失落所產生的心理反應特徵。

情感被辜負的失衡狀態

人落在情愛中，根本就很難計算所謂「公平」的準則，情侶付出亦等於接收，能夠付出愛也是榮幸，可以挑選禮物送贈可愛的人，心情已經雀躍，何曾計算代價？情感失落的打擊不在於付出的代價是否獲得相應的回報，而在乎是否獲得珍惜。一個人的心血，無論如何淺陋，卻已經是生平所有；倘若感到不被珍惜，那種被辜負、欺騙、出賣的感覺會襲擊人的心理，使人心理失衡。所以，人在離異的時候，關鍵並非要賠償多少金錢，或者歸還多少貴重信物，而是回饋對方應得的重視、珍惜、尊貴和欣賞，歸還對方不被辜負的感覺，是最成熟最尊重人的方法。

有些人在分手的時候，莫名其妙，常常想尋獲一個解釋，有些人說：「我已解釋了一百遍，他還不滿足。」即使已經說明了分手是因為彼此不適合對方，然而對方仍心有不甘。從對方付出的角度來看，「我沒有認為你不適合我，那為什麼是彼此不適合？你要分手，一定意味着我不能滿足你的需要，而那到底是什麼？我可以全力以赴，改變自己，做到最好。」於是二人跌入一種如何取悅對方的爭拗裏。那到底並非問題核心，關鍵是這一方所付出的真摯感情、時間、精神、青春，沒有感到被珍惜、重視，卻被辜負了。倘若從別人口中，再傳出對方原來早已與另一個人在拍拖，那份被騙、被出賣的感覺更加致命。

愛情本質上的「排他性」

愛情與友情的一個基本分別，是愛情存在排他性(exclusiveness)。這種排他性並不是說一個人沒有衝動或能力，去真真正正喜愛超過一個人。一個血肉之軀的凡人，總容易對不同的人和物產生好感，由好感而產生渴望親近。那麼排他性是什麼意思？就是說縱使我們在任性和無約束的狀況下，有機會愛上兩個人，弔詭的是我卻期望對方把自己看為最重要的一個人。一旦對方也愛上兩個或以上的人，我們的心靈就會受傷。每個情侶自然地產生渴望，渴望自己在對方的心目中佔有最重要的位置，因此，我們約束自己，不去胡亂愛人，是因為對方需要在我心裏存有獨特的位置，而我不想傷害他。為了不傷害對方而約束自己，是愛的最起碼的含義。被辜負的感覺也是這個意思——我把獨特的位置留給你，你卻沒有把獨特的位置留給我。

我曾經輔導一對夫婦，丈夫在中國內地「包二奶」，太太大為激怒，恐嚇自殺及同歸於盡，動不動在家裏扔東西，丈夫三番四次道歉，也不能平息干戈，不知如何是好。輔導的過程中，太太終於表白，最傷害她的是她為家庭辛苦捱了二十多年，卻不知道到底她在丈夫心目中有多重要。丈夫很不自覺又很無知地說：「當然是你最重要，我不過太笨，又怕瘀，不敢推掉那些朋友……」太太看見先生誠懇的表情，心內就釋然了。「誰最重要」是我們進入關係時一個應當謹慎處理的課題。

自我價值虧損

失戀者最難堪的經驗是自我被唾棄、被遺棄。一個人對另一個人體貼殷勤，付上自己的精神和關注，日思夜想，情牽夢繫，自我價值感不經意與對方的喜怒哀樂連在一起，自我價值在對方的喜悅、認同、關注中不斷提升；同理，也在對方的批評、挑剔、侮蔑中不斷溶解，所以在相戀之中，由於信任和熱愛，自我價值暴露它最脆弱的一面。

耀強一向倔強自負，但自從與傲霜相愛以來，一改常態，斟茶遞水，奔走效勞，只要贏得傲霜一個微笑，他就心滿意足，一額汗水也流得甘甜。四周朋友都在讚歎愛情的魔力。可是，半年後，傲霜忽然說要到外國進修，還說一去就是三數年，對未來去向也說不定，不想束縛耀強的自由，所以提出他們最好分手算了。傲霜表現出來的冷靜和不在乎，傷透了耀強，而且她已經買了機票，作好所有安排，臨行前一星期才「通知」耀強。道理上傲霜沒有什麼說不過去的，耀強感情上卻遭受嚴重打擊，心底的可憐也說不出口，這是一份嚴重的被遺棄的感覺。過了許多年，有一個問號仍然隱藏在他的心裏——自己對於所愛的人來說，是否如斯可有可無？潛藏的悲痛和憤怒無法紓解，接着幾次有神無氣的戀愛中，他常常有一份想拋棄對方的衝動，下意識想找一個人來報復，安慰自己從前被輕視的傷痛。經過多次輔導以後，耀強才明白自己內心隱藏的困苦，吐露了被輕視和鄙棄的傷痛，人才踏實過來，開始自由自在地談戀愛。

精神應激狀態

在生活事件的激發下，外在景況與人內心需要和預計產生強烈差距，因而引起緊張的心理活動，發出大喜大悲大怒的極端情緒反應，我們稱作精神應激（acute stress reaction）。簡單來說，精神應激是指主觀願望與客觀現實產生矛盾，引起極大情緒反應，如動了殺機、希望崩潰、自我摧殘等行為。應激的病徵有：(1) 不開心、想哭；(2) 失眠；(3) 食慾不振；(4) 焦慮；(5) 沒有鬥志；(6) 胃痛、肚痛；(7) 心跳手震。

湖南醫科大學教授楊德森先生在〈中國人的心理和中國特色的心理治療〉一文（曾文星 1996: 417-435）中，很精要地指出影響人產生精神應激的一些要素：(1) 個人的價值觀；(2) 個人的心境及定勢情緒，如習慣性無助、抑鬱、成見；(3) 性格特徵，如 A 型性格[註1] 及強迫型性格[註2]，都很容易刺激起精神應激狀態。

王江松先生（1996: 156-159）在《悲劇人性與悲劇人生》一書中，簡潔闡釋了人類面對痛苦的四種態度：(1) 報復；(2) 屈服；(3) 逃避；(4) 超越。一個人面對關係決裂的挫折，最能夠反映他的生命內涵，許多人會加以否認和逃避，而激情憤懣者容易產生精神應激，導致報復行為。唯有少數人在傷逝過後，自我省察、提升，產生超越狀態，成為後來者的祝福。

這樣看來，一個人如何修養心性，使心境平和，胸襟豁達，從容自若，是一個重要關鍵。另一方面，價值觀重檢，重建符合自己人生願望又符合客觀事實的價值次序，是另一個心理治療的重要方向，可以防止家庭悲劇的發生。

5.5 下不了分手的決心

為何分手是這麼難以處理？因為人類分離很自然會掀動起一種普遍的恐懼情緒。恐懼什麼呢？最直接的是恐懼被別人批評自己不負責任，尤其對方年紀尚輕，或者彼此自初中、高中就開始認識戀愛，年日愈長，似乎那份道德責任愈大，愈不敢正視二人因各種因素早已產生的距離。其次，人在親密關係中是最矜貴、最甜蜜，也是最脆弱的，親密關係是一份重視和愛的表達，情侶分手等於對方不再喜歡自己，於是很容易使人疑慮再沒有人喜歡自己，害怕被別人嫌棄，恐懼自己被拒絕，害怕自己不再重要。這些都是最要命的惶恐，許多人為此糾纏不清。有些人不太喜歡甲，不肯分手，模稜兩可，眼睛卻在尋找乙，希望找到一個合適的「後備」之後，才說分手，以免最後找不到自己更喜愛的人，也沒有人喜歡自己，這正是出於內心的不安全、惶恐和自私心理。

還有最常見的分手難題，是害怕對方受傷。任何人都知道分離的滋味很痛苦，許多戀人即使彼此並不配合，爭吵次數比進膳還多，仍對對方有一份人際的感情，不想傷害對方，於是對方一旦表示傷心失落，或糾纏哀求，誠意要改等等，求分手者會一再心軟，拖拖拉拉就進入了婚姻。到感情消退，各種壓力和不滿足呈現，就開始互相埋怨，甚至離婚。長遠來說，這種創傷比戀愛分手的創傷更深，影響更大。本來是為了保護對方，結果惹來大家更深遠的傷害，這是猶豫不定的代價。

説到這裏可能有些讀者會發出疑問：既然人與人之間相處未必能完全和諧配合，戀愛分手和婚後分手，不都是一樣嗎？不，並不是一樣。一般來説，二人談戀愛和進入婚姻的基本前設不同。出於自由社會的理想，談戀愛的前設是彼此尚在自由選擇階段，直到雙方自願停止選擇（詳見 4.3 抉擇的心靈意義），把自己一生奉獻與對方結連一體，才進入婚姻。於是，婚姻對二人的基本前設是：我們雙方已經行使了自由權去認識對方，選擇對方，進入婚姻（除非有暴力、虐待等傷害人尊嚴的情況存在），雙方不再逗留在選擇階段，而是全心全意去愛護對方，扶持對方，互相適應，達到魚水交融的境界。[註 3]

正因為戀愛時期，二人尚在自由選擇的階段，戀愛的結果大有可能是分手收場。有一個比喻説得好，分手就如孕婦難產，懷胎的母親自然萬二分難過，可是難產一般是説明了胚胎的天然條件不足，遭自然淘汰，勉強生了下來，成為畸型兒童，那份痛苦便會更深更長。戀人分手的道理也是一樣，太多衝突、太多分歧的關係，可能是先天條件不足，若勉強結合，不如尊重地分手。

分手首要態度是一份尊重。一個人無論高矮肥瘦，性情可愛或乖僻，都是上主所創造的。凡上主所創造的生命，都需要加以尊重。分手絕不等於鄙視和拋棄，分手只是説明二人的人生道路不同，要各走各路。也許彼此可轉化為朋友，也許彼此再不適宜做朋友，但在人生的旅途上曾經相遇，彼此珍惜過、交付過、摩擦過，在分離的時候，但願能彼此祝福，各奔前程。

上述分手的態度是最成熟和最理想的，然而在人生現實的愛恨拉扯、盲目爭持中，要作出感激和寬恕的離別，談何容易？分手的確是一門最深的藝術。

5.6 分手的藝術：惡劣的處理方法

相思自古傷離別，戀人分手比小別的傷愁更深，為了維護個人和他人的精神心理健康，分手是一樁需要小心處理的藝術。

以下我想首先羅列一些惡劣的分手方法，好讓青年男女避免踩入這些死胡同。

無聲無息，悄然引退

有些人擅於收藏，在戀愛期間把許多不滿和不快都藏在心裏，直到感情冷卻，對方還是懵然不知。這些人很怕傷害對方的感情，又不懂得如何表達，於是就讓感情無疾而終，悄悄地冷淡、疏遠，不覆電話，藉詞不應約，在疏遠中結束關係。

當事人也許以為這樣不願表達不滿，就不會傷害對方的感情，殊不知無故被人冷淡疏遠，那傷害也很深。正所謂「死得不明不白」，戀人得不到一個清楚的了解，無故分手，便有強烈被拒絕、被遺棄的創傷，心中容易產生混亂和懷疑的困惑，也懼怕再次投入親密關係，不知進退。

慢性殺人，諸般挑剔

另一種惡劣的分手處理，也類同於上述的情況：內心充滿不滿，或者對對方已失去感情，一直不懂得尋求積極處理，卻又不知如何分手，於是對對方心生嫌棄，常常諸般挑剔，好讓對方知難而退，主動提出分手，以為這樣子可以減輕了自己拋棄對方的罪名，這樣慢性殺人的手段極之惡劣，傷人傷己，人稍為成熟後，也徒添一份罪咎。

突然終結，不容磋商

大部分人不懂得如何適當又尊重地溝通負面情緒，想抽離關係，又不懂得如何應付對方的糾纏，於是突然終結感情，以免自己心軟，拖拖拉拉。這些人會在內心重複綵排了一堆分手對白，或者寫好一封分手信，有時甚至安排一頓最浪漫的燭光晚餐，以留下美好的結束，在約會分手時迅速說出心裏話，或者遞上分手信，不容多作磋商，頭也不回，絕情而去。可能當事人以為交代清楚，彼此無拖無欠，可是對方蒙在鼓裏，對整個處境完全沒有澄清、反抗或操控的能力，那被騙和被鄙棄的創傷很深，這樣的分手處理很不公平和很不成熟。

借第三者作出刺激和暗示

也是由於不懂得如何尊重地溝通負面情緒，有些人不擅文詞的表達，索性用暗示方法去通知對方感情已逝，使對方知難而退。他們與另一個異性故作親熱，或者拋出多方暗示使對方領悟彼此關係結束，這種處理分手的方法看來可以免除雙方的尷尬，也好像免除「數對方不是」的痛苦，但事實上犯了一個嚴重的毛病，是間接把對方視為可以挑選和捨棄的物品，用比較的方式影射對方失去了被愛的價值，使人自尊嚴重創傷。若分手者出於惡意，那是殘酷的罪行；若分手者出於善意，那是極大的糊塗，這是惡劣的分手處理方式。

一腳踏兩船

有一些情歌，內容描述不知道自己是對方的正選還是後備。戀愛關係中，出現正選和後備，是極之惡劣的戀愛態度。自古以來，愛情故事和愛情小說常常描寫三角關係：一位小家碧玉，同時被兩位異性熱烈追求，所謂芳心紊亂，不知如何是好？兩個男性同時追求一個女性，倘若是公開的追求，三方面都你情我願，還算是青年人的追逐遊戲。可是，有些人與異性相愛一段時期，內心因種種因素，秘密地另有新歡，未能下決心最喜愛誰，兩面隱瞞，暗中對二人作出比較挑選，然後藉詞與一方分手，這種一腳踏兩船（或幾船）的做法，正正犯了把人物化的毛病，就是把活生生的人變成任由我們擺佈的死物，事後被對方發現了，感覺被出賣，傷害極深。

固然，上述所批評的惡劣分手方法，是針對雙方平等健康自由的戀愛關係而說的。倘若對方精神失常，呈現性格病態，或有不良背景，為了逃出生天而採用的辦法，都不在上述討論範圍之內。

5.7　分手的抉擇

可怕的是，人可以合又可以分。自由戀愛給人類精神上最大的餽贈，是賦予人人格自主的尊嚴，讓人可以自由挑選伴侶，選擇自己的生活形式，建立自己喜愛的家，實現幸福的追尋。很不幸，高遠的理想一向附帶高昂的代價，自由戀愛同時意味在人海之中要經歷彼此測試和互相篩選的過程。很多年前，香港歌星陳百強在歌曲中很平實地點出了自由戀愛的殘忍：「莫道你在選擇人，人亦能選擇你，公平，原沒半點偏心。」

正因篩選的過程是痛苦的，人與人進入關係和結束關係，要十分謹慎和小心，以免誤傷自己，誤傷他人。

現代人都是精明的消費者，買什麼新型產品，必用眼睛細心觀察，再用耳朵打聽口碑，還要經過品質測試保證，甚至提供試用期。人買貨品尚且精挑細選，更何況不是貨品，而是一個共度此生、同舟共濟的人，更加要精明挑選優質人格。所以被我們無知地鄙棄的古語，實在有它的智慧：「未見其人，先觀其友。」

首先用眼睛觀察，這個人樂意結交的是什麼朋友，這些朋友的素質、程度、品格修養、人生關懷，大致上給我們一點啟迪，勾畫出這個人的嗜好、品味、人生追求的一個藍圖。這些品味、人生追求是否符合自己的人生理想呢？

有些人與任何人都相處不來，根本沒有朋友，許多愛情悲劇就由這種情節開始發生。許多人在空虛和寂寞中，特別容易產生戀愛的感覺，尤其兩顆寂寞的心，特別容易「觸電」，而且對親密有強烈渴求，正如一些愛情故事的描述：在一個雷雨交加的晚上，彼此情到濃時，以身相許了。事後，他們才發現彼此在許多方面並不投緣，一個責任心重的人，就會遭遇良心譴責，矛盾極大，怎樣才好呢？

一個人要是有長相廝守的信念和追求，他一天未進入婚姻的盟約，一天都要為選擇伴侶細心考慮，以免在婚姻關係中吵吵鬧鬧，影響自己和對方的一生，也遺害下一代。

每個人都有獨特的個性和特質，每段關係都有個別的曲折奇情，每一段感情故事都值得珍惜，有如生命中的一段可貴的樂章，好應該投入、擁抱和專心詠唱，好讓樂曲結束時也留下裊裊餘音。正因為分手是一門藝術，就沒有必然既定的方程式，故此我只希望分享一些原則給大家參考，在個別情況中再以敬、以愛、以恕去演繹實踐出來。

（1）分手不是一夜之間的決定，而是雙方不斷投入、評估和重估關係的歷程，所以雙方需要定期的溝通和參與。

（2）釐清自己一些繼續委身關係或分手的指標。世間上從來沒有標準的情人，我曾反復思量一些關係默契指標，也許可以提供給你作為參考：

- 相戀的時候，你覺得自己容貌可畏抑或神采飛揚？合適的戀人容易激發我們優良的素質，「正面」的素質比「負面」的素質更加發揚，使整個人「活過來」(come alive)。

- 長期相戀經驗使自己感到更自由、自在、喜悅、成長，抑或更加害怕、窒息、萎縮、煩躁？

- 情侶彼此間的空間需求和親密需求的比例是否協調？有些人常常喜歡獨處，有情緒時會自我隱藏退去；另一些人喜歡他人陪伴，幾乎連去洗手間也喜歡有人陪到門前等待。二人空間比例不同，會造成雙方不滿足，一方會感到孤單寂寞，另一方又會感到刻板而約束。

- 你認識對方的愛情觀嗎？現在不好好了解清楚，難道要婚後再生情緣，一屋三人時，才開始商談是否可以寬容大量？

- 你認識對方的人生觀嗎？胸懷大志的？嬉笑怒罵的？悲劇情調的？小康之家的？彼此是否協調？

- 反省自己天性或習慣上可接納和不可接納的底線。例如在清潔衛生、樣貌身材、言語文化、暴力、未來居所、育兒和信仰上，你的底線是怎樣的？

  若在一些關鍵點上衝撞，自己無法接納，就不要勉強。若有其他更重要的考慮而願意接納，就必須甘心情願，以免心存疙瘩，自相矛盾，更不宜將戀人與前度戀人比較，以免內心常存遺憾、悔恨之情。硬漢子，真女兒，要接受，就無條件全盤接受；不接受，就得忍痛分離，以免辜負一個尊貴生命的一番情意。

- 多方及多層面觀察對方在不同場合與不同人物如何交往，分析生活事件，聆聽別人的評語，都能提供多些對對方客觀的了解。對方的上進心有多強，可塑性和可變性有多高，都是重要的考慮因素。人生漫漫長路，許多生命的變遷都不斷要求人自我激勵、上進、成長和轉變的，一個自滿而固執的王子或公主，任他或她有多完美，在動感的愛中往往經不起考驗。

- 觀察對方除了愛情以外，有沒有其他滋養的關係，如親情、友情等？若對方眼中除了與你一起以外，便只是一個人活在孤島之中，無論他現在怎麼珍惜、愛護你，無微不至，卻可以預期在未來婚姻生活中，你要背負起一個很重的情感擔子。付出呵護多的人，要求也多；只有二人摟在一起，互相扶持，卻欠缺其他滋養，這段關係的壓力指數甚高，危機甚大。

  若彼此真的愛護對方，就必須學習開拓對方與其他人交心交情相處的新天地，產生良性的滋養循環。

- 仔細反省投入戀愛是否為了逃避或彌補家庭創傷？若有這些潛藏的動機，必須誠實地正視和加以治療。

(3) 如何應付常常充滿張力和衝突的關係?

有些情侶常常出現潛在或明顯的衝突張力，卻因為彼此都是激烈而熱情的人，於是往往多番眼淚，又多番回轉，難解難分。

我在婚姻輔導的經驗中，總結出一些觀察。基本上每一對夫婦遇到生活壓力和際遇的變遷時，很容易內化成夫婦間的衝突。什麼情況容易化解?什麼情況不容易化解呢?若夫婦的衝突只是近年因壓力才引起，他們紓解矛盾的能力會較高;若夫婦二人或其中一人感到自拍拖以來，已經不斷衝突，當時只不過不斷忍讓遷就，期望大家都是認真投入的人，期待結婚後生活穩定了，一切會轉好的話，這類夫婦欠缺一些甜蜜和諧的回憶去支撐住人生的風浪，通常紓解矛盾的能力較弱，灰心的感覺較強。由此，我想嘗試總結一些壓力指標，作為是否繼續發展關係的一些參考:

親密是二人親近而產生舒適、安全、甜蜜的感覺，而人與人之間有不同程度的親疏感，個別人對親疏感的要求不同。

每個人因社會環境、家庭背景、成長經驗會產生不同的親疏舒適感(comfort zone)(Cole & Cole, 1990)[註4]。舉例:一個人出身自一家十兄弟姊妹的大家庭，父母連兒女的名字都未弄清楚，更不要談及照顧，排行中間的兒女更被忽略。飽受忽略的阿玲，自小習慣了自己照顧自己，自我修行，婚後對阿偉許多親暱行為都不習慣，因為阿偉踏進了阿玲不舒適的親近區域。而阿偉出生在三姊弟熱鬧親暱的家庭，十二歲還坐在母親的膝頭看電視，他熟悉很強烈的親密感，獨立疏離的空間太多反而令他感到不舒適。

從上述情況可見，二人親密關係是二人自然自發的親疏舒適感的互相調節。若調節不良，會催生彼此的防衛。防衛的表徵可以是指摘、退縮、僵化、「阿媽教仔」式干預對方空間，或彼此退卻，貌合神離。

倘若多年戀愛，衝突很多，雖然多番寬恕，仍然未能自然自發地、舒適地親近對方，可能是彼此根深柢固的親疏舒適感不調和，這是二人親密關係一個重要指標。

二人若有潛力去達致親密關係，當中有五個重要元素可作參考（Givelber, 1990）[註5]：

（1）二人能否獨立自主而感到安全舒適？（sense of separateness）

（2）二人的付出是否對等、均衡和自在呢？（mutuality）

（3）二人對自己和對對方是否有基本的衷誠接納？（acceptance of self and other）

（4）二人是否容易一唱一和，產生同感心？（empathy）

（5）二人有否同行共創的經驗？二人曾否共同策劃一件事情、負責一件任務，節奏配合、彼此協調、情緒交融呢？（collaboration）

二人可參考上述指標，共同分享、分析和改善關係。若關係始終停滯不前，甚至惡化，那就說明了這段關係的壓力和張力太高，不能掉以輕心，需要正視。

5.8　分手的藝術：良好的處理方法

絮絮叨叨地説個不停，無非説明了親密關係是溫暖家庭的重要基礎，而溫暖家庭是健康社會的基本單元。所以處理親密關係最好採取主動調適的策動態度（proactive），避免受環境因素、個性盲點所支配，而作無意識反動（reactive）。有信仰的信徒更加是專心從上主的啟示去勉勵自己策動關係，而不是推諉上帝，諉過他人。

戀愛的發展是階段性的，其中有三個重要的轉捩點：

（1）共同開展關係

（2）定期回顧關係

（3）決定是否再委身

戀愛的階段

根據前文對動感的愛的理解，二人進入親密關係是動感的蜿蜒發展。戀愛關係的推進通常循以下階段發展：（1）觀察期：彼此產生好感；（2）醞釀期：彼此增進接觸機會；（3）表白期：直接向對方示愛表白；（4）浪漫期：朝思暮想，如膠似漆，極力去表達自己最美好的一面，互相吸引；（5）衝突期：熱情退卻，處理雙方分歧。此階段以後，可分為引向再委身或分手兩條路徑：（6a）理解期：更深入認識，彼此進一步諒解和親密；

(7a) 再委身;或(6b)掙扎分手:衝突無法化解,關係壓力太大,掙扎分手的決定;(7b)分手。

戀愛階段的三個轉捩點

(1) **共同開展關係**:求偶、求愛是傳統自然界和人類二性關係的可愛故事。在動物界,一般是雌性求取雄性動物的接納和欣賞;在人類社會,傳統流行的看法是男性求取女性的賞識和愛慕。近年,男追女、女追男成為隨意、自然的現象。不過,我相信觀察期和醞釀期中,仍然是其中一方向另一方暗示、明示傾慕之情,另一方又向對方暗示、明示有沒有意思發展關係。

觀察期和醞釀期是充滿趣味和驚喜的神秘階段,撲朔迷離,我鼓勵青年朋友不要輕輕掠過這階段,太心急進入正式的戀愛階段。等心愛的人情願是忍耐的考驗,是愛的考驗。他日戀愛成功,這一段撲朔迷離的往事述說起來又糊塗、又戰兢、又有趣,蠻有滋味。

可是,經歷了摸索時期,現代青年男女卻心急於自我快感滿足,很快就扯上性關係,或者互不反對,就牽手撫摸,稱之為「拍拖」(戀愛)了。在不少戀愛的講座和戀愛營中,我發現很多青少年男女都沒有共同開展關係這個轉捩點,略為示愛,或者親暱接吻,沒遭反對,就算為開始拍拖了。若然對方一旦把持不定,三心兩意,反咬一句:「我們不過是很要好的朋友,怎麼算是拍拖呢？」一盆冷水便把人淋得淒淒切切。亦有不少年輕人，芳心暗許，但前途未卜，又未知雙方是否合得來，不知要否向朋友、親人公開關係，偷偷摸摸的十分難堪，整段關係又緊張又尷尬，不知如何處理。

我們應該有條件踏進一個尊重平等的社會，戀愛更加需要以尊重平等為基礎。尊重平等的關係就是你有權利表白，我有權利說不，一旦雙方首肯，就共同委身承擔拓展這段關係，再不是一方撒嬌，一方追逐討好，動輒以分手威脅，從來沒有平等相處；也不是一方討好成功，終於結婚了，便舒一口氣，放下討好的重擔，反過來「蹺起二郎腿」，準備獲得對方服侍，要對方為奴為婢。無論如何，這種「討好——要脅」未清楚表明委身的關係，亦未經雙方平等尊重，共同承擔開始。

我的丈夫是一個相當有君子風度，光明磊落的大丈夫，我認識我的丈夫已三十多年了。我們經歷了觀察期和醞釀期的摸索，一天，他約我見面，衷心向我表白，給我時間考慮，是否願意共同開展一段親密關係。回想起來，這樣的做法是多麼開明、有禮、尊重而平等。

當時，年輕的我，嚇得心兒怦怦亂跳，考慮過後，問了他六、七條重要問題，他又一一縷述過往的戀愛經驗，看我能否接納他的過去。然後二人在天父面前真誠禱告，求上主親自監察和牽引我們這一段關係，發展自己，造福他人。禱告過後，心境很寧靜，丈夫頭一次牽着我的手一起過馬路，我的心兒慌張地跳，內心卻如蜜糖般甜了。

分享這段往事，是希望給年輕人一個參考——任何一段關係要正式開展，應該是雙方同意，坦白透明，給大家空間來考慮是答應抑或拒絕，雙方皆平等地作出第一次委身，共同承擔和付上發展這段關係所需的努力和代價。即使日後關係發展不良，需要分手，也是一個尊重平等的良好的起點，減少誤會和創傷。

（2）**定期回顧關係**：許多人匆匆地談戀愛，匆忙進入關係，贏取愛人的心，不過是渴望、憧憬一份甜蜜浪漫的感覺，祈求享受幻想中的浪漫甜蜜。定期回顧關係？聽起來太實事求事、太理想了，豈不大煞風景？

然而，在人生旅途上，任何我們重視的發展，都需經歷定期回顧和評估，例如：學業、事業、專業和人生目標。那麼，可能與自己攜手走過一生的愛侶關係，如何可以輕率任意，欠缺溝通和評估呢？

就本書第一章所陳述的動感的愛，愛情關係是高低起伏的大小循環。盲目地在低潮時期作出適應、委屈和遷就，不一定等同愛的犧牲，反而讓潛藏的困難繼續埋藏，起伏的關係在主觀滿足感上不斷滑坡。戀愛關係發展了三年五載，又沒有明顯的、具體的理由不好結婚，於是許多人含含糊糊、勉勉強強進入婚姻，婚姻關係一開始就彼此情感疏離，埋伏了日後婚姻關係不滿的難題。

如何作定期回顧？二人最好每半年或一年相約一個回顧的日期。回顧前各自靜心省察彼此關係，作好心理、情緒、思想各方面的準備，叫自己心靈安靜，儘量投入、冷靜而客觀地回溯一段關係歷史。就上述提出關係默契的指標和關係壓力的指標，誠實反省，了解自己的感受和困難，不以指摘和判斷的態度來溝通，務求雙方能專心聆聽彼此內在的心情。最好先由一個人做表達者，另一個人做聆聽者，不要急於回應和自辯，務求聆聽和準確詮釋對方的意思，再加細心消化，彼此聆聽，輪流互換表達的角色。

溝通過程可能不是一時三刻可以完全領略對方的世界，不妨設定一個星期至一個月時間，彼此尊重而坦誠的回顧溝通。有時坦誠的分享，會迫使人面對自己個性的幽暗面，衝擊力甚大，人很容易自圓其說，諉過他人，逃避了事。所以，雙方一定要互相支持，正視困難，不去迴避。倘若問題複雜，牽涉不明朗的性格死穴或成長背景的影響，可以求助於成熟的過來人或尋求輔導，清理關係的淤塞，健康成長。

(3) **決定是否再委身**：

沒有選擇，就沒有真正的委身；
沒有專一的投入和付出，親密關係變得不可能；
沒有價值觀，就沒有分享和成長的共同基礎；
沒有平等尊重，自然會產生退卻。(註6)

關係是一門深奧的藝術，終身廝守的婚姻關係之所以珍重和可貴，是基於自由的選擇和自願的委身。

長遠穩固的婚姻基礎，必然經過考驗和測試，必然要求一而再、再而三的委身。傳統以來，基督教教導強調婚姻是一個委身的關係。委身不單單是認知上的一個價值信念，而且是知、情、意上的感通和自願付出、投入，為對方的幸福押上一生，這一押非同小可。

我們常常以為考慮委身，是到了求婚的日子才開始的。按我多年輔導觀察，委身是持續和重複的承諾。那麼，決定結婚之前應該經歷多少次委身？這是見仁見智的問題；但為了動感的愛的透徹認識，為了解除潛藏、難以化解的張力，我認為戀愛階段最好不少於三年時間，回顧關係三次以上，一而再、再而三考慮是否甘心情願為對方這個不完美、有欠缺的人押上一生？並且對方與自己同行，是令自己更臻完善，生龍活虎，抑或是令自己萎縮退步、怯弱自卑？從神學的角度看，就是二人的關係是使雙方的生命更受窒息和拘束（restrictive），抑或彼此成為對方的救贖（redemptive）？在決定是否再次委身的時候，這個神學原則應該凌駕於其他一切考慮之上。

倘若二人經歷多次回顧之後，仍然無法協調一些重要的分歧，雙方關係的壓制性多於救贖性，其中一人或雙方無法甘心情願的再委身，即是代表了一段關係的結束，需要面對分手。

經過長時間的反思，我發現用戀愛關係發展階段的三個轉捩點，來認真思考發展關係抑或決定分手，是最成熟和把創傷減至最小的做法。因為雙方關係是同行共創，共同摸索，雙方都對關係有所掌握，有充分的主動權，避免討好、乞憐、遺棄、嫌棄等不平等關係，給了雙方最合乎人性和最大的尊重。

如何說分手？

表達分手是一門高深藝術。以下是一些提供參考的要點：

（1）意願堅決，意思解釋清楚。切勿造成不必要的罪咎感，或諉過於人，傷害自尊。

（2）態度要緩和，容許對方否認、憤怒，經歷緩衝期和哀傷期。

（3）誠實承認自己也造成關係失敗，不否定自己的角色和應負的責任。這樣做，可以鼓勵對方也誠實自省，擔負自己應負的責任。

（4）行為要貫徹一致，不要因憐憫心軟而行動反復或鼓勵幻想，否則那痛苦將會更深。

（5）雙方因着分手都十分痛苦，彼此已不能作為對方的傾訴和支持對象，故此需要各自尋找支援系統，尋找可傾訴的朋友。

（6）明智地處理訂情信物、情信和紀念品。

（7）在適當時候，透過一位成熟的輔導員或關心雙方的長者，以接納和諒解的態度協助雙方進行分手儀式，在當中哭訴、尋求諒解和饒恕，表達對對方的尊重、感激和祝福。

（8）各自尋覓和重構過往關係的意義。

如何處理短暫別離？

許多愛情故事都曾經歷別離，因處理不善而導致一生悔疚。最常見的是彼此都是年輕學子，其中一方在相戀一段時間後被安排往外國讀書，大家不知如何是好。

當中最大的困惑，是彼此有多少責任（obligations）和承擔，尤其彼此年紀尚輕，更無法保證將來的改變。況且，留學數載，已剝奪了繼續尋索相處默契的機會和發展關係的可能。即使二人答應頻密互通電郵、電話短訊不絕，總是分隔二地，相處隔了一層，脱離現實。

倘若雙方相戀時間短於一年，二人對彼此認識的深度有限，承擔的能力和責任也有限。二人必須坦誠溝通，訂立一些開放而合理的期望，而不要用一條繩索企圖把對方緊縛。沒有自由，過多惶恐，已稱不上是「愛」；但對方仍須承諾一些基本原則，例如：若因二人分隔，產生不滿足、孤寂和疏離感，要答應儘早通知對方；若遇見合意而又吸引自己的異性，答應儘早通知對方。雙方要付出多少努力和代價，乃出於雙方情願，勉強不來。彼此若有能力承擔更多的責任，就必須詳細溝通彼此可以對對方產生多少和怎麼樣的期望，以免誤解，免得基本假設相撞，導致創傷和失望。

有一個量度關係的指標：在關係發展未臻成熟時，彼此分離逾兩三年以上，必然妨礙雙方關係發展，所以分離之前，必須有充分時間溝通，免除被遺棄、被出賣、被欺騙、疑幻疑真、進退兩難等創傷。

分手的藝術

惡劣的處理方法	良好的處理方法
• 無聲無息，悄然引退 • 慢性殺人，諸般挑剔 • 突然終結，不容磋商 • 借第三者作出刺激和暗示 • 一腳踏兩船	• 共同開展關係→定期回顧關係→決定是否再委身 • 意願堅決、意思清楚、態度緩和 • 容許一段時間的緩衝期、哀傷期，來回討論 • 省察自己，解釋自己的責任，不諉過對方 • 行為貫徹一致，不要因憐憫而反反復復，鼓勵幻想 • 尊重及明智地處理訂情信物、情信、紀念品

5.9 何謂上帝的旨意？

所有認真的信徒都會在戀愛和婚姻關係中問一個問題：我們的關係是否合乎上帝的旨意？可是，何謂上帝的旨意？上帝的旨意是否純粹主觀而難以觸摸的？為何許多信徒談戀愛之初也會誠心祈禱，至終卻離婚，落得悲劇收場？何謂上帝的旨意，的確使許多信徒大惑不解。

我想分享自己一個親身的經歷。大概中五的時候，有一位很要好的同學，是個認真的基督徒。她認識了一位比他大十歲的男士，兩人墮入愛河，彼此感情十分要好。可是，這位男士尚未信主，我的朋友熱切地為他祈禱，又領他返教會。終於，這男士熱切尋求信仰、讀《聖經》，最後決志信主，信得比我的同學還要真誠熱切。我的同學很歡欣，認為上帝聽了禱告，也說明這弟兄合乎上帝的旨意，更樂意委身於這段關係。

然而，同學的母親自始至終都反對他們談戀愛，認為男的年紀太大，沒有經濟基礎，學歷也不夠好，害怕女兒一世捱窮。同學覺得這些是母親狹隘的世俗眼光，不加理會。最後，她母親使出「轉移視線」的一着，為她申請往外國留學，她的男朋友當然十分反對，認為長時間別離，加上更高的學歷距離，對雙方關係發展一定沒有好處，且有隱憂。

同學在兩難之間，她一方面對這個男朋友投入很深的感情，難得他還追求信仰，主動信主，才剛剛稱謝上帝的帶領，又來一次困難？另一方面，《聖經》也教導我們要孝敬父母，為此她已經與母親有一兩次爭吵，十分內疚；況且站在母親立場，都是為她前途幸福着想，左又難右又難。她與我分享，可是以我中五的年紀，也無計可施。

終於，她不斷祈禱，尋求上帝的旨意。她求問上帝，若祂的旨意是叫她往外國讀書，就讓她申請手續順利；若否，就請祂關掉往外國念書的門，好與母親交代，也印證上帝的帶領。

結果，申請外國留學手續順利，同學認為是上帝的旨意，就負笈海外了。同學這個行動似乎有違一般常識，但她確然十分虔誠地禱告，難道天父不聽禱告嗎？

兩年後，同學尚未畢業，回港度假，哭得淚人一樣，一如所料，她與男朋友分手了。

這位真誠的姊妹慘痛的遭遇，叫我反復思想何謂上帝的旨意。我想分享一下多年來幾點反思。

首先，傳統教會教導的傾向是上帝旨意的演繹，側重個人主觀和神秘主義。有時這些個人主觀感應的確是屬靈感應；但有時這些個人主觀其實是心理自衛，美其名為屬靈感應，完全忽略或違反客觀常理。

其次，傳統教會教導上帝的旨意深受中國文化影響，常把思想焦點放在道德行為操守的層面，反省的範圍常常集中判斷個人態度、道德操守，卻罔顧其他一切考慮。例如：單純考慮某行為是不是愛主？是不是有信心？是不是孝順？是不是負責任？卻完全不考慮其他客觀現實因素。

由於文化背景導向和主觀靈感的偏差，上帝的旨意常常等同於做對了一個「屬靈」的好行為，從而獲得上帝的恩典和祝福（例如會考有好的成績、找到高薪厚職、找到合意的伴侶等），全都是自我私人渴望的滿足。

尤進一步，上帝被我們這種下意識的思想框框，規範成一位狹隘的上帝，祂早已「揀選」（即是命定）我們會與誰結識、會與誰結合、會選擇什麼職業、行怎樣的道路。於是，若甲是上帝的旨意，乙就不是；若乙是上帝的旨意，丙就不是。在上帝的眼中，可能凡事都可能，祂並不單單規限某人或某事屬乎祂的旨意，反之，祂所着重的是選擇的歷程和背後的心態。正如〈約翰福音〉4 章 21 至 22 節所強調的：「你們拜父，也不在這山上，也不在耶路撒冷……那真正拜父的，要用心靈和誠實拜祂。」

由此可見，上帝的旨意不在單一或唯一的後果上，而在乎選擇者背後的心態和整個終極關懷。失戀可以是上帝的旨意，也可以不是上帝的旨意，要視乎整個情景（context），和整個情景當中的終極關懷。

《聖經》上說：「你們要先求祂的國和祂的義，這些東西都要加給你們了。」

於是，在擇偶的事情上，我們要審視雙方各方面的背景和處境，然後仔細誠實去尋索離或合是如何推展或拆毀上帝的國和義。從這個理解來看，祈禱固然是與上帝的必然溝通媒介；其次，心理常識、文化反省、社羣的認可、歷史的回顧、終極關懷的省察、對上主深摯不移的愛的回應等等，都交織成如何着緊、如何理解上帝的國和上帝的義。如何在親密關係中體現出來？這就是所謂上帝的旨意了。

註：

1 Friedman, M., & Rosenman, R. H.(1974). *Type A behavior and your heart*. N.Y.: Rnoph. A 型性格的特點為：性情急躁，缺乏耐心，不能閒着，終日忙碌，好強，好勝，具攻擊性。

2 強迫型性格的特徵：內向自卑，專看事物的困難面、陰暗面，固執，偏見，容易顧慮、後悔，難於合作。

3 霍玉蓮，《怎可以一生一世》（香港：突破出版社，1996），頁 210-211。夫婦一般需要用十至十五年時間達到和諧境界。

4 Cole, C. L., & Cole A. L.(1990). Separateness and togetherness cycles in marriage. In B. J. Brothers(Ed.), *Couples on coupling*. N.Y.: Haworth Press.

5 Givelber, F.(1990). Object relations and the couple: Separation-individuation, intimacy, and marriage. In R. Chasin, H. Grunebaum & M. Herzig(Eds.), *One couple, four realities: Multiple perspective on couple therapy*. N.Y.: Guilford.

6 Southard, S.(1989). *Theology and therapy: The wisdom of God in a context*. U.S.: Word Publishing. p.201.

第六章

歷史上的新我

情難捨，痛別離，

然而若痛苦能善於處理，

則仍然能夠刷新歷史中的我，

珍惜同行的人，昂然再向前踏步。

我喜歡從歷史的眼光看關係；人倫關係一旦開展了，發生了，就不能假裝沒有發生過。我們面對痛苦、難過、決裂的關係，容易抱持一種否定的態度說：「就假裝從未認識你好了！」也許，人在痛苦中，這是短暫止痛的「必理痛」；然而，那認識過、相愛過的人，必然仍在我們的記憶中、心靈內某些角落寄生着。

處理情感、處理關係需要尊重歷史，尊重曾經發生在自己身上的歷史，是美、是醜、是好、是壞，必須重新面對、整理，告別那無謂的、愚拙的，抽取那滋養的、可欣賞的、深刻的意義，加以處理、收藏。經過處理的關係，有如廢紙回收、再造，連結成自我更新的一部分，陪伴自己成長。

要邁向歷史上的新我，首先要對失戀的心理、情緒和生理現象有所了解，再學習自我療傷的方法。

6.1 失戀者常見的哀痛現象

許多外國的研究都將失戀者的哀痛經驗，納入喪失親密關係的研究。研究（Stroebe & Stroebe, 1987）[註1] 指出失喪親密關係的人，通常在身體、情緒、心智各方面都出現傷痛的表徵。

情緒方面，失戀者常會表現哀愁、情緒低落、抑鬱、莫名的焦慮、羞憤、內疚，感覺孤單，寂寞難堪。

認知方面，常會睹物思人，內心充滿對過往的懷戀和牽掛，自慚形穢，心底覺得自己比不上別人，充滿缺陷，對前程無望，有時覺得思想遲緩，甚至記憶力衰退。

行為表現方面，容易激動，容易發脾氣，心靈疲倦、懶怠，做什麼事都提不起勁，常常哭泣，自我孤立起來，有時下意識好像想要尋覓一點什麼，又好像有些未了事似的。

身體適應方面，容易睡不安寧，沒有胃口，常有小毛病，胃痛、頭痛、肚痛，膚色暗啞，影響健康。

人的自我價值與人倫的親密關係相連極深，所以失去愛戀的人會產生極大壓力，出現受打擊重創的壓力表徵，以上的身心表徵，常會迴旋在痛楚沉溺和痛楚否認的兩種反應之間（intermittent intrusion and denial response）（Horowitz et al., 1993）[註2]，意思是失戀者有時會不受控制地自憐、流淚、驚惶、情緒低落，有時卻又自圓其説，自我安慰，假裝什麼事都沒有發生。這樣子痛楚沉溺和痛楚否認的間斷循環，是正常現象，用以調節失戀者受創的心理平衡。故此，失戀者及親友大可以以平常心接納失戀的人，容許他們經歷這些情緒變化。

倘若失戀者過分側重其中一面，只是不斷沉溺於痛楚和激動的情緒，又或者不肯正視痛楚，一切若無其事，不斷否認痛楚，埋頭工作，不肯流半滴眼淚，無論落在其中任何一個極端之中，都會容易引致精神負荷過重，或延長哀痛，失戀創傷更難復原，那是作為親友可以加以注意和支援的。

6.2 失戀者異常的哀痛現象

人非草木，生離死別，的確惹人傷痛。上述的哀痛表現屬於常見的現象；但有些人因着各種因素，會引發異常的哀痛表現，是失戀者和親友需要多加注意和關懷的。

異常的哀痛現象類似抑鬱症，外國學者將正常的哀痛表現與抑鬱症作出比較（J. H. Harvey, 1998: 85），對異常的哀痛現象勾畫出以下的特徵：

- 莫名的罪咎感，與失戀沒有明顯的關係；
- 常常有尋死或自殺的念頭及衝動；
- 無休止地沉溺在自慚形穢中；
- 四肢動作緩慢；
- 不能應付日常工作；
- 產生幻覺、幻聽等現象；
- 不能接受分離的事實，終日以淚洗面，以各種激烈手法去尋找那分手的戀人；
- 情感麻木，狂熱工作，否定情緒。

若然失戀者表現出異常哀痛的表徵，親友必須細心接納、聆聽，作出扶持，最好是積極尋求專業輔導，治療創傷。

6.3 影響復原的砂石

一般失戀者要平復心情，治理創傷，大概需要半年至年半的時間。台灣出版的《張老師月刊》，曾就分手復原年期作出調查（1998 年 11 月號）。80 年代和 90 年代的兩次調查顯示，受訪者一般需要一個月至六個月時間復原，最短的少於一個月，最長的為期一年以上。

失戀者情感復原所需時間的長短，受各種因素影響，不能一概而論。相戀時間愈長，投入的感情愈深，復原所需時間愈長。此外，戀人分手，通常會有一位想首先脱離關係，另一位於是感到被拋棄。首先想脱離關係的一方常受內疚和自責的情緒影響；被離棄者一般哀痛較深，復原時期較長。

影響失戀者復原的還有一個重要因素，就是雙方如何分手。若雙方分手是經過清楚溝通、明確交代，並且雙方都能夠接納分手的原因，則有助情緒迅速康復。若一方悄然引退，另一方被蒙在鼓裏，不明所以，這樣的哀痛最深，需要復原的時間較長。讓我嘗試以圖表表列如下：

失戀者情緒康復時期分析表

失戀者較易適應，康復時期較快。

失戀者最難適應，康復時期最長。

明白分手的原因，卻不能接納，
只是無能為力去挽救。

從這樣的分析看來，處理戀愛分手，有兩個重要的指標：

(1) 雙方有一份自主的感覺，而不是感到被對方播弄，或被世界、環境所捉弄。所以分手的交代和溝通是十分重要。分手最好不是一夜間忽然發生，而是多次溝通，反復檢討而達致的歷程。

(2) 雙方感到平等和被尊重，不會有被人拋棄的感覺。因為覺得自己被人拋棄，會嚴重損害自我價值，有時經歷許多年也不能復原。瞞着對方，自己同時與另一個人談戀愛，最後砌詞拋棄一方，都是最傷害他人的惡劣戀愛行為。

6.4　情感康復的雙程路

正如陳百強的歌曲所點出的現實：「愁緒揮不去，苦悶散不去，為何我心一片空虛？感情已失去，一切都失去，滿腔恨愁不可消除……為何我心分秒想着過去……為何偏偏喜歡妳？」一個失戀者很自然被過去種種情感的片段所攫住，浸在愁緒中。失戀者每日仍舊必須起居飲食，如常生活，協助失戀者度過哀痛，必須同時處理過去的情感遺痕，又同時激發他放眼未來。這是情感康復的雙程路，許多助人者或自助者容易傾向側重其中一方面，而忽略另一方面的重要性。我很喜歡下圖所剖析失戀者情感康復的迴旋式雙程路。(註3)

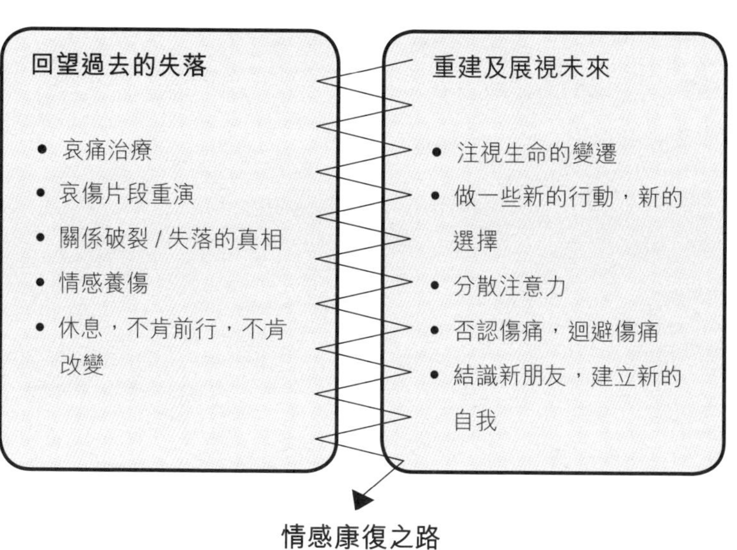

正如前面所述，失戀者單單沉溺過去，又或者單單否定傷痛，勉強刻意注視將來，都並非協助情感康復的方法；最好是讓內心有時沉溺過去，治療傷口，休息一會，又鼓勵自己，面向將來。這樣來回的協調、調息，是最符合人性的情緒治療，亦有助迅速康復。

在第二章，我曾經談及相依理論。曾擁有安全相依經驗者，在失戀後較能正視過去和未來，較易復原。冷若冰霜型或「超人」型的自衛形態的人容易埋葬憂傷，否定憂傷，表面若無其事，但情感內傷；另一方面，糾纏形態者容易過分陷溺傷痛情緒，無法自拔。

真正情感康復的人有一個明顯的特徵，是內心感到和平釋然，對過去有一個較圓滿的理解和詮釋，日常生活表現出自然自在的生命力。要達到健康的情感康復和成長，失戀者需要一份勇氣，去面對傷痛，承認人生的遺憾，自內心重塑人生的意義和自我價值，向傷痛告別，昂首前行。

6.5 情感康復錦囊

我常認定每一段關係都是獨特、珍貴，不容他人置評，因為每個人的生命都是被創造，且是獨特、尊貴而意義深長的。所以，每個人處理每段感情，必須抓緊自己的特質和脈搏，順其紋理去自我療傷，沒有必然的捷徑。然而有一些原則和技巧卻仍是有參考作用的。

接納傷痛的事實，善待情緒

許多時，經歷情感失落的人，最難過的一關不是情緒的難受，而是不容許及不接納自己有難過的感受，常常在內心不肯讓自己難過，或不斷自責，暗暗責備自己軟弱、無用，活在世上也是多餘等等。這就等於把一個傷者送到嚴酷的法官面前行刑，諸多審判，於是痛上加痛，傷上加傷。

能承擔人生大挫折、大困難的人通常懂得在內心為自己創造一把慈父或慈母的聲音，在自己的內心對自己靜靜地安慰說：「我明白你，我知道你傷心。」「雨過自會天青，一切都會轉好的，OK！OK！」「我愛你，天父愛你！在橫逆中，祂看顧你，祂背負你。」「無論你是好是壞、是對是錯，我都完全接納你。」「你已經很辛苦了，不要再傷害自己。」這樣子，好像把一個受傷的小孩送到慈母的懷裏，得憐恤，蒙安慰。

在輔導工作中，很多時遇見人間生離死別的傷痛，我經常問受助者：「你一向如何安慰自己？」許多人對這個問題感到十分意外和新鮮。我們常常以為我們只可以安慰別人，或等待一個「別人」來安慰自己，從沒想過自己可以學習安慰自己；而事實上，一個人若在內心不能夠接納自己、體恤自己，無論別人對自己作出多少安慰也只是在表面掠過，不能滲入心裏。

自我安慰是否一場自欺？這多少是源於我們對人的看法。如果我們認為人生是一場偶然，生命是地殼爆裂時無意中產生的，或者是在某些因緣意外下發生，人生的順逆自然也是一場意外，無人關顧，就好比一個棄嬰在垃圾堆上無意地給撿拾出來，生存本來就是無依無憑。在這種世界觀下，自我安慰大概是一場自欺，或者純粹是求生伎倆。除非生命有一位創造主，有一個着緊我們的天父，自我安慰才能成為回歸生命根源的一場感激和自我珍惜。

回顧過往的失落經驗

人在一生的成長中，常常遇到許多分離和失落的經驗，例如：飼養的小狗死去，年老的嫲嫲過身，丟失第一次得獎的獎品，第一件珍愛的玩具、書本損舊、送走，自己喜歡的老師離校，生活轉變如搬遷、轉校，都牽帶出一連串的離別經驗。樓下看更的叔叔，一起盪鞦韆的同學，微笑的校長，最熟悉的巴士站、魚蛋粉、砵仔糕……生命常常串連着一串一串的失落、離別和變遷，我們對過往離別、失落的經驗如何處理，別人、父母給我們什麼反應，都會影響我們日後面對分離、失落的人生態度。有些未了結的失落經驗，亦或多或少影響我們今天如何處理失戀和分手。

其中一個協助我們自我認識的方法，是列舉生命重要而深刻的分離和失落經驗，幫助自己回顧心底的信念和情感素質，從而了解今天失戀的意義。

你可以嘗試找一段安靜獨處的時間，找一處安全、自在、舒適的地方，在心裏祈禱，感謝上帝曾經賜與你的生命歷史，抱着想了解自己人生意義的心情，寫出如後頁般的失落經驗圖。

回顧失落的經驗，也有如人生歷史的一場回顧，習慣自省的人較容易意識自己的感覺和事件的意義。當時的經驗會一層一層地建構今天的人生觀，由後頁的例子看，當事人有很多孤獨、不被了解的經驗，於是覺得人生無常，幸而有一次獲得媽媽安慰，於是相信生命需要彼此安慰。

每個人的經驗並不相同，有些人的失落經驗甚至未曾徹底處理，最好能找一位成熟、可信任的長者或好友傾訴失落經驗，尋獲聆聽，並在傾訴的過程，接觸傷痛，自然地醞釀出對自己的洞見。

失落經驗圖

日期 & 年月 例子	1990 年（5 歲）	1995 年（10 歲）
深刻的分離 / 失落事件	一尾金魚死去了	搬遷，失去鄰居「細狗」
分離人物、失落事物的特徵	那條魚很可愛，是第一條常陪伴我的金魚	「細狗」常常與我一起玩，分享許多秘密
有何人一起面對	只有我和公公知道這件事	獨自面對
我當時的反應	十分傷心、憤怒，不知如何是好	不捨得又無能為力
四周的人的反應	公公立即丟了魚的屍體	父母說：將來再探訪吧，卻從來沒有再接觸
現今回想的感覺	很可惜沒有人明白自己	有些感覺只有自己明白
總括來說對自己有何意義	好伴侶不會久留，害怕生命無常	人聚散無常

2000年（15歲）	2001年（16歲）
嫲嫲逝世	遺失銀包
她常說不想死去	內有珍貴相片
全家人	爸爸、老師和我
死亡很有力量，又很神秘，很可怕	自責、內疚，希望有好心人拾回來
哭了一會，就絕口不提	老師只着重調查同學是否小偷，爸爸說買一個新的，媽媽安慰我
迷惘	些微失望
人去世後，到底有沒有人惦記	新的並不能取代舊的，最回味是媽媽一句認同的安慰

親密經驗重繪

除了回顧失落經驗，另一個重要的回顧是回顧親密經驗。我提議你另找一個自覺精神充沛、心境平靜的時間，找一處安全穩妥的地方，回顧這些經驗。我累積輔導實務經驗十多年，我嘗試自薩堤亞的「影響輪」轉化創出以下親密經驗圖練習。

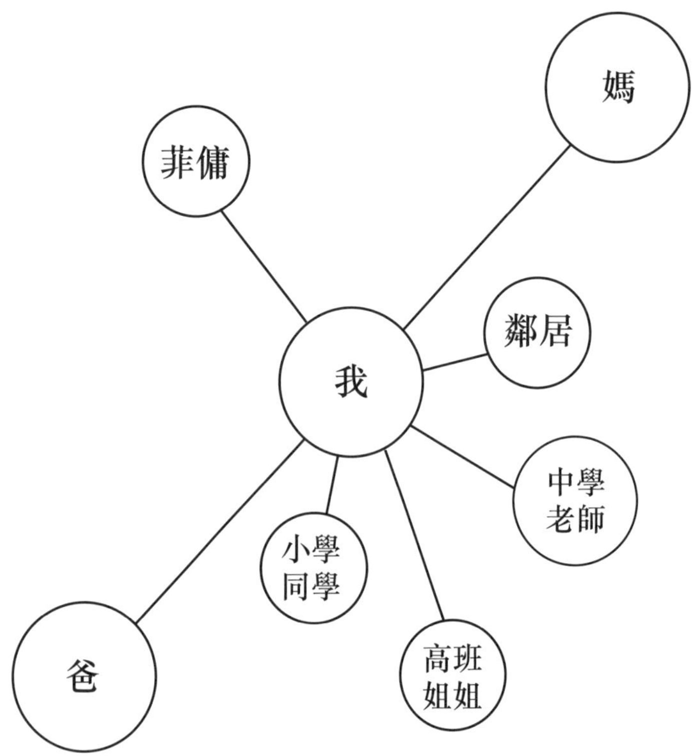

參考上圖，把人生中影響自己的親密人物，畫在生命線上，人物的遠近代表當時你直覺上覺得那人與自己的親密距離，寫完後會發現自己主觀經驗中有多少親密的人，是太多或太少？然後發掘他們對自己的影響。

對於每一個親密的人，嘗試用三個形容詞形容他，然後對每一個人填寫下面的項目：

- 這人如何表達對你的親密？
- 你如何向這個人表達親密？
- 你們怎樣表達愉快的經驗？
- 你們怎樣處理不愉快的經驗？
- 今天你們仍維繫感情嗎？
- 若有，靠什麼維繫？
- 若否，你們怎樣經歷疏遠／分離？對你有何影響？在情感上？在信念上？

倘若在填寫或回憶時，發現有許多收藏着、隱而未現的難過情緒，可以找成熟的長者或朋友傾訴，或進一步找輔導員清洗未了事，釐定對自己親密關係和分離經驗的影響。

列舉傷痛

有時候，我們不能治癒傷口，是因為根本不知道傷口在哪裏。許多人會鼓勵自己或別人説，失戀是平常事，叫自己蓄意忘記。光是忘記，並不能幫助傷口癒合。回顧過去之後，可以開始尋覓自己的創傷，確認傷在哪裏，認領創傷，才可以使傷口癒合。

愛情經驗內涵着許多重要的人生經驗：彼此認同、信任，互相倚賴，互相補充，自我剖白，感到受重視，覺得對方完美等經驗元素。愛情一旦失落，亦意味着各種元素的失落，對於個別人來説，這些親密經驗和失落經驗則更具獨特的創傷意義。

失戀者可以靜靜地思索，嘗試反復問自己一個問題：這次失戀經驗中，我受的創傷是什麼？

我嘗試列舉一些失戀的創傷，給失戀者作為參考。

失戀的創傷有如：

- 喪失了一個夢想
- 喪失了青春的歲月
- 喪失了自我價值
- 喪失了可倚賴的情感支柱

- 喪失了認同的對象
- 喪失了被重視、被呵護的經驗
- 喪失了對人的信心
- 喪失了對愛情的憧憬
- 喪失了安全感
- 喪失了自信心
- 喪失了尊嚴
- 破壞了自己的閱人眼光
- 恐懼再沒有能力去愛
- 恐懼被出賣、被欺騙
- 喪失了純真

……

你可以清楚表列自己失去的東西。有些失落了的東西是無法彌補的，你需要找了一位牧師或神父，向他誠實地懺悔和剖白，尋求寬恕，並學習寬恕歷史，寬恕他人。

重新認識對方和自己

好些人，即使明白了傷痛，又處理了失落經驗，心裏仍然耿耿於懷——為什麼他要這樣對我？他到底是一個怎樣的人？

這是失戀者經常在心裏無法平息的疑問，這也是人在徹底傷痛時會追問的事情。「追問」原是靈性覺醒的道路，「為什麼？」「為什麼？」

這個追問過程，若一味從追究責任的路線去梳解，只會愈追愈痛苦，愈追愈不明白，反而這追問過程可以轉成一扇窗去重新認識自己，認識對方，「我是誰？」「他又是誰？」即是深入去了解對方人性光明黑暗並存的兩面。自己光明黑暗並存的兩面，有了全盤合情合理的明悟、覺醒，人才會舒懷，也可以悔悟，重新做人。這是在「跌倒」後新生的重要一步，以下的表格可能會對你回顧自己和對方是「誰」會有幫助：

找幾件深刻事件或內裏心情矛盾的事件，細心列舉一趟，找成熟的前輩陪你去分析、了解、思考，忽然對對方豁然開朗，自己的盲點毛病也原形畢露。對方的人生他自己負責，未必能夠接受你的提醒，但最低限度你可以提醒自己，明悟世情，改變自己，在下一次戀愛時，不會掉入相同的盲點和陷阱，於是這次失戀經驗就給人生上了一堂寶貴的學習功課！

相處矛盾事件圖

事件		他第一次在圖書館大聲說話吸引我注意，我覺得有些不妥當，但照他意思去做	他之前有三個女朋友說最愛見我
對方	光明面	• 活潑，有創意靈活	• 情感豐富 • 擅於談情
	黑暗面	• 會犯規不忠實	• 不專一 • 容易移情 • 情感不成熟
自己	光明面	• 純良 • 喜歡守規矩	• 易信任
	黑暗面	• 沒有主見 • 怕別人不高興，會妥協原則 • 思想不清晰	• 不用腦 • 喜歡甜言蜜語多於真理
明悟（自己）		• 情與理要明辨 • 慎思心不可靠的特徵	• 客觀事理很弱 • 太渴望感情
悔改（自己）		• 學習有主見 • 不要受別人強烈情緒擺佈	• 多交朋友 • 多閱讀 • 增加見識

寫一封告別信

作出了兩重歷史回顧後，人大概對自己的內心渴求、恐懼、願望、信念和人生觀有了一些初步認識。然後，開始檢視今天失戀經驗對自己的過去和未來有何啟示。

許多時候，失戀者對已分手的戀人，都是愛恨交加的。許多時，失戀者會容易落入自責的圈套，因為責備自己，可以減輕現實的荒誕無情。同時，他對對方常跌宕在兩個極端的反應之間，一是維護對方，美化對方；一是全盤否定，醜化對方。這兩種心理策略雖然可以協助自己短暫地恢復心理平衡，卻無助自己正視傷痛、成熟成長。

所以，在回顧傷痛的歷程中，可以為自己開一本成長歷程記錄簿，記下心裏的變化，亦可以自由抒發自己對對方的感受，卻不是一廂情願的自欺和陷溺。最後，就着這些創傷，寫出一封告別信。

在自己未臻成熟時，我們可能還未能寫一封平等而有尊嚴的告別信；但當我們重建自尊時，就可以寫一封公道的告別信。

告別信可以包括以下內容：

- 列出所有困擾你的問題
- 列舉自己的傷痛
- 對方使自己失望的地方 / 事情

- 自己使對方失望的地方 / 事情
- 若能重新再來一次，你希望自己和對方的行為有些什麼不同
- 訴説感謝，回味可回味的，加以感激欣賞
- 選擇饒恕，選擇自由
- 對自己承諾，不再受過去捆縛，感謝歷史的傷痛，成為一份禮物，勇敢前行
- 向過去和對方説別離，正式告別

寫完的告別信，毋須寄出，因為這封信只代表你個人的角度和觀點。可以找一位你信任的成熟朋友，向他朗讀出來，或者請他朗讀給你聽。心裏獲得平安後，可以自創一個儀式，向這信件和過去的不愉快告別，例如：把信埋在泥土裏；放在瓶子內沉在大海中；綁在一個氣球上，隨風飄上空中，象徵給自己解放，讓往事隨風飄逝。

處理內疚和遺憾之情

愛情破裂，其中一項心魔就是內疚的感覺，尤其主動提出分手的一方，很容易受內疚煎熬。

如何面對內疚，也是一門高深的學問。以下一些原則可以協助人正面處理內疚，產生內心的平安：

- 接納自己的內疚感。真誠的內疚通常可以指導人看見真理，真理使人得自由。
- 在嚴肅面對自己的期間，也容許自己有玩的時候。嬉戲、玩樂可以保持心理平衡。
- 學習以溫柔的態度去面對內心顫慄的小孩子。
- 有時候，太強烈的罪咎感來自內心的嚴父，亦即是自己嚴格的道德標準。聆聽嚴父之餘，也需要聆聽自己內心微小脆弱的聲音。
- 接納自己有軟弱限制、不足和做得不夠好的地方，以致產生真正的謙遜柔和。
- 正視過去，若有能夠作出補償和認錯的地方，付出勇氣去道歉和補償；若有些無法彌補之處，向自己、向對方真誠道歉，然後饒恕、釋放自己。因為即使懲罰自己、不肯釋放自己，也未必能帶給對方任何好處。

信物的處理

失戀者要面對過去，也要面對未來。與戀人相戀的情信、相片、信物，都會在眼前挑動起歷史的傷痕。有時在激動的情緒中，想把所有與對方有關的東西統統消除或拋棄，又或者把所有信物全部寄還對方。這些衝動之舉很容易再一次傷害大家的感情，或者及後引以為悔。另一個極端是把所有信物、相片放在自己視線範圍，睹物思人，陷溺於傷愁的情緒。

最好的處理方法，是把所有紀念品全部用紙盒、雞皮紙包裝收藏，一來不會再惹動自己傷心的情緒，卻又能珍而重之，表示對歷史的珍惜。或者把一兩件重要、有正面感情的小信物留在身邊，加以珍惜，給自己安慰。一兩年後，待情感康復後，才決定是保留或是棄掉，就不會因衝動拋棄而產生後悔。有些歷史是負面的傷害，應該拋棄；有些歷史是教訓，需要領略保留；有些歷史是化了妝的祝福，曾有它的璀璨，需要在消化下珍惜。

6.6 一笑我踏步去

我很喜歡羅曼羅蘭（Romain Rolland）一首短詩：

我仍然昂起頭
重新歌唱
渺小而頑強

生命好像一大塊拼圖板，一件一件的事件好像一塊一塊的方塊圖，有時左看右看都沒有意義，左拼右拼，都不合適；但到生命完結，整幅拼圖砌起來，方發現每一個方塊原來都有它的位置，都有它特殊的意義。

創傷、苦難，都是人生嚴肅的課題；正視創傷，才能重建人生，獲得深刻的智慧。戀愛和失戀經驗是人建立自己愛情觀、人生觀的重要里程。失戀的經驗雖然普遍，卻不普通，若每個人都能夠正視戀愛和失戀經驗，社會便多了一些健康成熟的個體，才有機會建立多一些健康快樂的家庭。美好的家庭生活，源自鞏固健康的個人和愛情關係。

讓我們聽一聽一些人成熟處理分手後的心聲：[註4]

經過一段時間療傷，如今再回想，竟是沒有苦只有甜蜜，充滿感謝，因為這個過程帶給我成長，更珍惜陪我走過的所有朋友。

走過這段路途，最深刻的感受是：其實所有的苦，都源於自己不肯放下。

分手的經驗，讓我更成熟地對待往後的戀情，學會在面對不同類型的人時，清楚自己要的是什麼，也學着在可能的情形下，掌握自己的情感，做自己的主人。

我愈來愈沒有把握是否能永恆地與另一人共處一個屋簷下。對於自己是否具備如此能力，或這樣的二人世界是否適合自己，或是否適合人性，不禁產生迷惘。雖然我知道人不免是需要其他人的。

分手只有短暫的痛苦，卻有歷久彌新的記憶與感受。只要經深思熟慮與忠於負責的態度，分手反而有正面價值。

尊重歷史，面向自我，整理情感，重建意義，是挑戰失戀者面向人生的屬靈層次。

情難捨，痛別離，然而若痛苦能善於處理，則仍然能夠刷新歷史中的我，珍惜同行的人，昂然再向前踏步。

註：

1 Stroebe, W., & Stroebe, M. S.(1987). *Bereavement and health*. Cambridge: Cambridge University Press.

2 Horowitz, M. J. et al.(1993). Pathological grief: Diagnosis & explanation. *Psychosomatic Medicine*, 55, pp.260-273.

3 選擇自 Stroebe, M., Schut, H., & Stroebe, W.(1998), Trauma and grief: A comparative analysis. In J. Harvey(Ed.), *Perspectives on loss: A sourcebook*. Philadelphia: Brunner / Mazel.

4 以上心聲擇錄自《張老師月刊》(1998 年 11 月)，頁 75-76。

後記

擲下筆桿，心裏悠悠然浮現出許多感想，許多從前、現在的故事，許多朋友的人生歷程和創傷。感情對人的考驗真大，愛情邀請兩個陌生人成為朝夕相對的枕邊人，愛情編織家庭，家庭編織成一代一代的家庭歷史，家庭聚結成社會鄰里，社會鄰里聚結成民族、文化、歷史故事。

有些人把一生押在愛情的夢想上，二十歲、三十歲、四十歲出頭……兜兜轉轉，還在尋找那位可以彼此交付、刻骨銘心的心上人。顛沛流離，半生浪蕩，醒來一場驚夢。幾多含淚的癡情女子、癡心漢？有些人輕視愛情，以實用精神追求一位符合條件、較一般為佳（above average）的伴侶，然後畢生集中精力完成自己生命的投資和野心，誰知走到了生命的盡頭，才發現所贏取的只是空洞的婚姻、空白的感情，一無所有。

上帝起初創造天地，造男造女。

上帝喜歡與人對話，喜歡與人分享祂的所有。上帝也渴望與人有密切的連繫。

人活着，不能脱離關係。

人生命的豐富、貧瘠，在乎人是否能確立有意義的關係，是否能建立令人暢順，令人「生猛」(come alive)，令人珍惜自己的良善關係。

豐富的關係能夠產生觸動人生機的力量，使人感動、驚訝，使人趨騖愛的源頭，從而感激創造天地萬物、有情的造物主。

破裂或扭曲的關係，同樣使人頹喪、消沉、萎靡困惑，挑戰人自我的根基。不善處理破裂關係，會使人麻木、洩氣，半生人也抬不起頭來。妥善處理破裂關係，能夠產生感人的震動力，使人在陣痛中驀然醒覺，在自負中覺察人間種種虛謊和限制，尋覓永恆不變的主。

在商業化、科技化、電腦化的現代都市，人的價值排列在科技、實用、成效之下，人的關係變成滿足人心靈枯燥、空虛的工具。試問，枯乾的心靈又如何有能力去滿足枯乾的心靈？難怪感情的道路這麼曲折！現代科技、經濟掛帥的社會，扭曲人的個性，剝奪人的時間精神，扼殺人的靈性生命，叫人盲目地以性滿足代替愛，以官能刺激代替人間溫暖，以成就和利益代替富足的心靈。

人若果能夠與自己親密，與親人、朋友親密，與大自然親密，與創造天地的主親密，才能滋養愛的泉源，去愛和被愛，去創造與愛侶的親密，攜手同行。我相信穩健、和諧、良善的親密關係，才是人性的根本、社會的根基。

我心坎裏有一幅圖畫：健康的家庭、健康的關係、健康的鄰舍，有如一粒一粒的細沙，積聚成大地；有如一點一滴的水滴，匯流成大海，在這病態乾旱的社會，形成一個小小的綠洲。

也許，一點一滴的青綠，源自你和我恢復一點一滴的人性和健康關係的開始。

參考書目

Ainsworth, M. D. S., Blehar, M. C., Waters, E., & Wall, S. N.(1978). *Patterns of attachment: A psychological study of the strange situation*. N.J.: Erlbaum.

Ainsworth, M. S.(1989). Attachment beyond infancy. *American Psychologist*, 44, pp.709-716.

Ashton, J., & Ashton, D.(1996). *Loss and grief recovery*. N.Y.: Baywood Pub. Co.

Bartholomew, K., & Horowitz, L. M.(1991). Attachment styles among young adults: A test of four-category model. *Journal of Personality and Social Psychology*, 61, pp.226-244.

Bloom-Feshbach, J., Bloom-Feshbach, S., & Associates.(1987). *The psychology of separation and loss: Perspectives on development, life transitions, and clinical practice*. San Francisco: Jossey-Bass.

Bowlby, J.(1969). *Attachment and loss, Vol.I: Attachment*. N.Y.: Basic Books.

Bowlby, J.(1973). Affectional bonds: Their natures and origin. In R. Weiss(Ed.), *Loneliness: The experience of emotional and social isolation*. Cambridge, MA: MIT Press.

Bowlby, J.(1982). *Attachment and loss, Vol.III: Loss, sadness and depression*. N.Y.: Basic Books.

Brothers, B. J.(Ed.).(1993). *Attraction and attachment: Understanding styles of relationship*. N.Y.: Haworth Press.

Cole, G. L., & Cole, A. L.(1990). Separateness and togetherness cycles in marriage. In B. J. Brothers(Ed.), *Couples on coupling*. N.Y.: Haworth Press.

Dym, B., & Glenn M. L.(1993). *Couples: Exploring and understanding the cycles of intimate relationships*. N.Y.: HarperCollins.

Empereur, J.(1998). *The enneagram and spiritual direction: Nine paths to spiritual guidance*. N.Y.: Continuum.

Everett, C. A.(Ed.).(1987). *The divorce process: A handbook for clinicians*. N.Y.: Haworth Press.

Givelber, F.(1990). Object relations and the couple: Separation-individuation, intimacy, and marriage. In R. Chasin, H. Grunebaum & M. Herzig(Eds.), *One couple, four realities: Multiple perspective on couple therapy*. N.Y.: Guilford.

Harvey, J. H.(1998). *Perspective on loss: A sourcebook*. N.Y.: Routledge.

Hazan, C., & Shaver, P.(1987). Romantic love conceptualized as an attachment process. *Journal of Personality and Social Psychology*, 52(3), pp.511-524.

Hazan, C., & Shaver, P.(1990). Love and work: An attachment theoretical perspective. *Journal of Personality and Social Psychology*, 59(2), pp.270-280.

Hill, E. W.(1996). Stability and change: Understanding anxiety in marital therapy from an attachment theory perspective. In B. J. Brothers, *Couples and change*. N.Y.: Haworth Press.

Hindy, C. G., Schwartz J. C., & Brodsky, A.(1989). *If this is love, why do I feel so insecure?* N.Y.: Atlantic Monthly Press.

Horowitz, M. J., Bonanno, G. A., & Holen, A.(1993). Pathological grief: Diagnosis and explanation. *Psychosomatic Medicine*, 55(3), pp.260-273.

Howe, D.(1995). *Attachment theory for social work practice.* Basingstoke: MacMillan.

Kaslow, F. W.(1996). *Handbook of relational diagnosis and dysfunctional family patterns*. N.Y.: John Wiley.

Kirsheubaum, M.(1996). *Too good to leave, too bad to stay: A step-by-step guide to help you decide whether to stay in or get out of your relationship*. N.Y.: Dutton Book.

Lieberman, S.(1979). *Transgenerational family therapy*. London: Croom Helm.

Main, M., & Goldwyn, R.(1984). Predicting rejection of her infant from mothers' representation of her own experience: Implications for the abused-abusining intergenerational cycle. *Child Abuse and Neglect*, 8 (2), pp.203-217.

Main, M., & Solomon, J.(1990). Procedures for identifying infants as disorganized / disoriented during the Ainsworth Strange Situation. In M. T. Greenberg, D. Cicchetti & E. M. Cummings(Eds.), *Attachment in the preschool years: Theory, research, and intervention*. Chicago: University of Chicago Press.

Noam, G. G., & Fisher, K. W.(1996). *Development and vulnerability in close relationships*. Manwah, N.J.: L. Erlbaum.

Orbuch, T. L.(1992). *Close relationship loss: Theoretical approaches*. N.Y.: Springer-Verlag.

Palmer, H.(1995). *The enneagram in love and work: Understanding your intimate and business relationships*. N.Y.: Harper Collins.

Parkes, C. M.(1991). Attachment, bonding and psychiatric problems after bereavement in adult life. In C. M. Parkes, J. Stevenson-Hinde & P. Marris(Eds.), *Attachment across the life cycle*, London: Tavistock/Routledge.

Pipher, M.(1996). *The shelter of each other: Rebuilding our families*. N.Y.: Ballantine Books.

Riso, D. R.(1987). *Personality types: Using the enneagram of self-discovery*. N.Y.: Houghton Mifflin Company.

Riso, D. R.(1995). *Discovering your personality types: The new enneagram questionnaire*. Boston: Houghton Mifflin Company.

Rosenblum, L. A., & Plimpton, E. H.(1981). The infant's effort to cope with separation. In M. Lewis & L. A. Rosenblum(Eds.), *The uncommon child*. N.Y.: Plenum Press.

Shulman, S.(1995). *Close relationship and socioemotional development*. N.J.: Ablex Pub. Corp.

Southard, S.(1989). *Theology and therapy: The wisdom of God in a context*. U.S.: Word Publishing.

Stevens, G., & Gardner, S.(1994). *Separation anxiety and the dread of abandonment in adult males*. Conn.: Praeger.

Stroebe, M., Schut, H., & Stroebe, W.(1998), Trauma and grief: A comparative analysis. In J. Harvey(Ed.), *Perspectives on loss: A sourcebook*. Philadelphia: Brunner / Mazel.

Stroebe, W., & Strobe, M. S.(1987). *Bereavement and health: The psychological and physical consequences of partner loss*. Cambridge: Cambridge University Press.

王江松（1994），《悲劇人性與悲劇人生》，北京：中國社會科學出版社。

余德慧（1991），《中國人的寬心之道》，台北：張老師出版社。

莊漢宗（主編）（1996），《逆境中的老莊思想》，新北：漢欣文化事業有限公司。

曾文星（主編）（1996），《華人的心理與治療》，台北：桂冠圖書股份有限公司。

楊國樞（1987），《中國人的心理》，台北：桂冠圖書股份有限公司。

楊國樞（主編）（1993），《本土心理學的開展》，台北：台灣大學心理學系本土心理學研究室。

楊鑫輝（1995），〈中國傳統心理治療探討〉，《南京大學報：社科版》，1995(4)，頁 50-55。

劉小楓（1993），《這一代人的怕和愛》，香港：卓越書樓。

劉再復（1987），《性格組合論》（第五版），上海：上海文藝出版社。